L'ÉCOLE AUVERGNATE

L'ÉCOLE AUVERGNATE

ÉTUDE SUR LA RENAISSANCE MÉRIDIONALE
DANS LE CANTAL

PAR

FRANCES H. TITCHENER

PRÉFACE DE J. ANGLADE
Professeur à la Faculté des Lettres de Toulouse,
Majoral du Félibrige.

PARIS
LIBRAIRIE ANCIENNE HONORÉ CHAMPION
5, QUAI MALAQUAIS, 5

1928

AVANT-PROPOS

Cette étude sur l'École Auvergnate a d'abord été présentée comme thèse à Radcliffe College : elle m'a valu, avec beaucoup de bienveillance de la part de mes examinateurs, le titre de Doctor of Philosophy.

Qu'il me soit ici permis d'exprimer à mes maîtres la vive reconnaissance que je leur dois : au Professeur Anglade, qui m'a initiée aux Études méridionales, et qui me fait l'honneur de présenter au public cet ouvrage par lui suggéré ; au Professeur J. D. M. Ford, dont l'amitié et les conseils précieux n'ont cessé de me soutenir et de me guider dans l'accomplissement de ce travail.

Je tiens aussi à remercier M. Lhermet de m'avoir généreusement offert l'appui de ses connaissances et Miss Leland d'avoir bien voulu revoir mes épreuves.

Ma gratitude va également à tous ceux qui, par amour pour leur langue maternelle, se sont intéressés à mes recherches et m'ont facilité la tâche que j'avais entreprise.

PRÉFACE

———

Il y a trois ans environ, une de mes jeunes étudiantes, d'origine américaine, m'exprima son intention d'étudier la langue et la littérature de l'Auvergne. J'accueillis cette déclaration avec quelque scepticisme, et je lui conseillai quelques semaines de réflexion.

La jeune étudiante, après ce laps de temps, revint me trouver et me confirma ses intentions. Je ne doutai plus : j'avais affaire à une volonté réfléchie. Je commençai donc à lui donner des conseils et des indications; au bout de quelque temps, elle partait pour Aurillac, où elle voulait parfaire sa connaissance pratique du dialecte. Après un séjour de plusieurs semaines en Auvergne, elle revint à Toulouse et de là partit pour l'Amérique, emportant dans ses bagages d'étudiante les éléments de la thèse qu'elle présenta plus tard à l'Université de Harvard.

Cette étudiante était Mlle Frances TITCHENER, et c'est sa thèse, écrite en français, qu'elle m'a demandé de présenter au public de notre pays. Mon ancienne étudiante croit encore à l'influence des préfaces : je n'ai pas pu lui faire perdre sa croyance : je m'exécute donc.

Mlle TITCHENER a étudié un sujet limité, mais les documents dont elle avait besoin étaient dispersés un peu partout. De là une première difficulté, surtout pour une étrangère. Elle a réussi à la surmonter; elle a trouvé soit à Toulouse, à l'Institut d'Études Méridionales, soit en Auvergne, soit

même en Amérique, non seulement les ouvrages importants dont elle avait besoin, mais encore toutes ces menues
publications disséminées dans les recueils les plus variés
et les plus rares, qui font souvent le désespoir des cher-
cheurs. De là une documentation abondante, qui donne à
son livre un caractère profond et sérieux.

Cette Américaine, qui sait admirablement le français, s'est
mise à étudier les dialectes de l'Auvergne. Je le dis sans
fausse honte : à son retour d'Aurillac, elle me donna sur
quelques points difficiles de vraies leçons de prononciation !
Aussi les pages qui traitent du dialecte d'Aurillac, encore
qu'elles soient un peu brèves, sont écrites d'après des observations personnelles et sûres : la science des livres ne suffit pas en dialectologie, le contact avec ces êtres vivants et
bien vivants que sont les « patois » est le complément
nécessaire de l'érudition livresque.

On se demandera peut-être pourquoi une étrangère s'est
intéressée à un mouvement littéraire provincial, alors qu'il
y a tant d'autres domaines ouverts à la recherche et à l'étude,
à commencer par les derniers discours de l'Académie française.

C'est que l'étranger voit mieux que nous les événements
qui se passent trop près de nous-mêmes. Le scepticisme
obnubile souvent notre esprit d'observation ; l'habitude et
l'accoutumance y font également obstacle. Mais l'étranger,
surtout l'Américain, s'intéresse à ce qui est vie et mouvement. Or le mouvement félibréen existe ; bon ou mauvais,
sincère ou artificiel, il excite la curiosité et provoque l'étude.
Là est la raison profonde des nombreux travaux qui ont paru
à l'étranger sur le Félibrige. Le côté esthétique de la Renaissance méridionale échappe quelquefois à ces observateurs ;
mais ils en reconnaissent bien le côté vivant et durable.

Mlle TITCHENER a donc étudié le mouvement littéraire
en Auvergne depuis les précurseurs de Vermenouze jus-

qu'à nos jours. Elle s'est arrêtée surtout à cette grande
figure de Vermenouze, qui, avec ses défauts et ses qualités,
représente bien son pays. Elle en a étudié l'œuvre avec
intelligence, avec sympathie. Elle a conduit cette étude
avec un esprit « non félibréen », dit-elle, c'est-à-dire avec le
souci de l'objectivité, partant de la vérité.

Cette Américaine aime la France et en particulier le Midi
d'une affection sincère. Elle croit avec raison que les petites
patries peuvent s'intégrer harmonieusement dans une patrie
plus grande. Aussi il n'est pas un félibre qui ne souscrive
à ces lignes écrites par une étrangère, à propos des poésies
françaises de Vermenouze : « Les félibres ont été quelquefois accusés d'aimer trop le petit pays. Vermenouze, lui, a la
gloire d'avoir prouvé, non seulement par ses sentiments,
mais encore par le choix de la langue dont il se sert pour
les exprimer, que l'on peut aimer la petite patrie sans en
aimer moins la France. » La vérité sort de la bouche des
étrangers.

Joseph ANGLADE,
Professeur à l'Université de Toulouse,
Félibre Majoral.

INTRODUCTION

———

Depuis que les Sept de Font-Ségugne se sont réunis en
première assemblée félibréenne, la *Renaissance méridionale* a
toujours su exciter l'imagination et l'intérêt, non seulement
de ceux qui, nés dans le midi de la France, ont conservé le
souvenir des gloires de l'ancien temps, mais encore chez des
gens de race et de traditions différentes. L'Irlandais Bona-
parte-Wyse, trouvant dans le pays de Mistral une seconde
patrie, a chanté en provençal les *Parpaioun blu.* D'autres
étrangers, sans convoiter le titre de félibre, se sont contentés
d'accroître le nombre d'études dont le Félibrige a déjà fait
l'objet, et d'y apporter un point de vue nouveau. Ainsi en
Allemagne, M. Koschwitz a étudié la *Grammaire historique
de la langue des félibres* ; tandis qu'en Italie, M. Portal a fait
place, dans sa *Letturatura provenzale,* aux troubadours
modernes et consacré à ces derniers toute une anthologie.

Mais de telles études sur le Félibrige, qui comprend dans
son organisation tout le Midi, ou sur la renaissance méridionale, qui s'étend « des Alpes aux Pyrénées », ne peuvent
être que générales, et ne donneront qu'une vue d'ensemble.
Pour une étude détaillée, il faut chercher un groupement
plus petit que le Félibrige et un sujet moins vaste que la
renaissance méridionale. Or, le Félibrige se divise, de par
ses propres statuts, en Maintenances, et la Maintenance se
divise encore en Écoles. La division en Maintenances, faite

surtout pour la commodité de l'organisation, est un peu fac-
tice ; car bien qu'une Maintenance doive correspondre à
un grand dialecte d'oc, il serait difficile d'établir les limites
exactes de tel grand dialecte. En revanche, la division en
Écoles est naturelle : chaque École correspond à un petit
groupe de dialectes étroitement apparentés et qui ne varient
pas entre eux au point de ne pouvoir plus se comprendre.
L'École est donc tout indiquée comme sujet d'étude, non
seulement en tant que l'unité la plus petite du corps félibréen, mais encore parce qu'elle forme comme une unité
dialectale.

De plus, chaque École a sa physionomie propre, qui est
celle du petit pays où elle a pris naissance. Cette physionomie est nécessairement obscurcie quand on considère
l'ensemble du Félibrige ; et cependant la physionomie gasconne, provençale, ou toulousaine est parfois plus vraie et
plus sympathique que celle du Félibrige tout entier. Le
félibre s'en est rendu compte ; aussi n'a-t-il pas laissé d'exalter
le petit pays en même temps que le grand. Chaque École
a eu, selon son importance ou la ferveur de ses écoliers, des
études consacrées à ses poètes et au dialecte que ceux-ci ont
rendu célèbre.

Mais le félibre n'a pas encore fait, — du moins à ce que je
sache, — l'étude complète de son École, de son histoire, de
sa littérature et de sa langue. Pourtant une telle étude ne
serait pas tout à fait dépourvue d'intérêt : la physionomie
gasconne ou provençale, le cachet du petit pays, appa-
raissent dans la littérature comme dans la langue, et même
jusque dans l'histoire de l'École, car on est provençal ou
gascon avant d'être félibre. D'ailleurs, la langue et la littérature correspondent en quelque sorte, et l'on pourrait dire
que celle-là influence, dans une mesure appréciable, celle-ci.
Ainsi la langue d'Aubanel se prête facilement à des chansons
d'amour, tandis que le parler montagnard de Vermenouze

est plus propre à conter un Vieux de la Vieille qu'à chanter
une Zani.

Je me suis donc proposé d'étudier une École félibréenne
sous tous ses aspects. Mon intérêt s'est porté sur l'École
Auvergnate, d'abord parce que celle-ci, étant de formation
assez récente, ne trouve pas dans les histoires générales du
Félibrige la place qu'elle mérite ; ensuite, parce que le dialecte d'Aurillac présente des phénomènes phonétiques, non
seulement intéressants en eux-mêmes, mais qui ont encore
soulevé de vives discussions sur la question d'orthographe ;
enfin et surtout, parce que Vermenouze, aimé et révéré par
ses compatriotes comme le grand poète d'Auvergne, est
trop peu connu en dehors de son propre pays.

De son vivant, Vermenouze fut l'âme de l'École Auvergnate, qui dut attendre, pour s'organiser, qu'il vînt, et qui
n'existait et ne florissait que par lui. Encore aujourd'hui,
plus de quinze ans après sa mort, elle vit de son souvenir,
— non qu'elle regarde uniquement vers le passé, mais que
le nom de Vermenouze est toujours là qui l'inspire et la sou-
tient. Pour cela, il ne suffit pas que le premier capiscol ait
été un grand chef d'école, qu'il se soit fait des disciples, et
qu'il ait renouvelé sa langue. Il faut qu'il ait été poète, et il
le fut. C'est pourquoi, après avoir fait l'historique de l'École
Auvergnate et traité de la question d'orthographe, j'ai cru
devoir m'arrêter sur la vie d'Arsène Vermenouze et sur son
œuvre, dans laquelle trouve sa plus ample expression la
renaissance méridionale en Auvergne.

J'ai gardé pour la fin l'étude du dialecte d'Aurillac, qui
fera sans doute, pour certains, le plus grand intérêt de cet
ouvrage, et qui est peut-être la partie la plus originale de
mon travail. Car les faits de la vie de Vermenouze sont
bien connus, et l'on a déjà beaucoup écrit sur les précurseurs
et sur la question d'orthographe. Ma tâche a été de réunir
dans un seul livre ce qui se trouvait épars dans des jour-

naux, des revues, et des documents divers, et d'y ajouter
ce que ma propre observation et un point de vue non félibréen pouvaient m'apprendre de nouveau, dans le but de
faire une étude aussi complète que possible de l'École
Auvergnate

CHAPITRE I

LES PRÉCURSEURS

Dans les « Troubadours Cantaliens » [1], le Duc de la Salle de
Rochemaure a voulu tracer la ligne ininterrompue des poètes en
dialecte d'Auvergne, des troubadours du XIIe et du XIIIe siècles aux
patoisants et aux félibres du XIXe siècle, et faire en quelque sorte de
ceux-ci les continuateurs de l'œuvre de ceux-là. Or, les patoisants
n'ont guère continué l'œuvre des troubadours qu'en tant qu'ils
écrivent en langue d'oc, et les félibres, loin de suivre le chemin tracé
par les patoisants, se sont jetés dans la nouvelle voie ouverte par
Mistral. Surtout est-il vrai qu'en Auvergne les patoisants ont précédé
le Félibrige, plutôt qu'ils ne l'ont préparé ; car l'élan est parti, non
pas de poètes locaux, mais des Sept de Font-Ségugne.

Les troubadours cantaliens, — le Moine de Montaudon, Peire
Rogier, Peire d'Auvergne, — appartiennent au groupe des grands
troubadours du Moyen Age ; on les comprend en étudiant toute la
poésie méridionale de cette époque. Leurs tensons, leurs vers, sont
sortis du même mouvement qui a donné les tensons de Giraut de
Borneil et les vers de Bernart de Ventadour. Leur langue même est
la langue littéraire des troubadours sans grande distinction de
dialecte.

La croisade contre les Albigeois frappa les troubadours d'un coup
funeste. Beaucoup de leurs protecteurs furent tués ou chassés du
pays. Souvent exilés eux-mêmes, ils allaient porter ailleurs leurs
idéals poétiques, en Italie, en Espagne, dans la France du Nord ;
mais ce fut déjà la période de la décadence. Le XIVe siècle vit la
fondation du Consistoire du Gai Savoir et des Jeux Floraux de Toulouse, mais cet effort académique pour préserver la poésie des trou-

<hr>

1. Aurillac, Imprimerie Moderne, 1910.

L'École auvergnale.

badours ne sut qu'en garder la forme [1]. Il en résulta de la littérature académique d'où toute poésie s'était envolée. A la fin du
XVe siècle [2] la langue d'oc [3] avait cessé d'être une langue littéraire. Elle
n'est pas une langue judiciaire depuis l'ordonnance de Villers-Cot-
terets de l'an 1539, qui interdit l'emploi des divers dialectes méridionaux dans les actes publics et privés. Quant à la langue parlée, la
noblesse et la haute bourgeoisie les premières, puis les habitants des
grandes villes en général, abandonnaient peu à peu leur langue
maternelle pour le français ; la langue d'oc dut se réfugier à la cam-
pagne, et elle ne s'employait plus guère, à la veille de la Révolution, qu'entre paysans.

Pourtant la Révolution donna au paysan, et par conséquent à sa
langue, le patois, une importance nouvelle. La Convention regardait
les dialectes comme autant d'obstacles à l'unification politique de la
France ; l'Empire organisa une enquête et fit traduire la parabole
de l'enfant prodigue en divers dialectes de la France. En Auvergne,
ce fut l'abbé Jean de Labouderie qui fut chargé de la traduction. Sa
Parabole de l'efon proudigue, en patois de nabrte auvergna [4] parut en
1823, et quelques ans plus tard, il fit paraître un *Vocabulaire du
patois usité sur la rive gauche de l'Allagnon, depuis Murat jusqu'à
Malompise* [5]. Deribier de Cheyssat, comme l'abbé de Labouderie,
membre de la Société des Antiquaires de France, donna en 1832
son *Vocabulaire du patois de Velay et de Haute-Auvergne* [6]. Ce fut
peut-être la *Parabole* de l'abbé de Labouderie qui donna à Brayat
l'idée de présenter au public des vers qu'il avait gardés, jusque là
pour ses amis.

Jean-Baptiste Brayat (1779-1838) fut médecin à Boisset, où le
souvenir de ses contes serait aujourd'hui plus vivant que celui de

---

1. J. Anglade, *Histoire sommaire de la littérature méridionale au moyen âge*, Paris,
1921.

2. La dernière pièce couronnée par le Consistoire du Gai Savoir est une chanson
d'Arnaut Bernart, de 1484 (A. Jeanroy, *Les Joies du Gai Savoir*, Toulouse, Paris,
1914, p. 123 s.).

3. J'emploie le terme *langue d'oc* pour désigner la langue, ou plutôt les dialectes
du Midi de la France. Par *provençal*, je comprends les seuls dialectes de la Provence. A ce sujet, voir Anglade, *op. cit.*, p. 10, note 1.

4. Paris, Firmin-Didot, 1823.

5. Mémoires de la Société des Antiquaires de France, t. IV.

6. *Ibid.*, t. IX.

ses cures [1]. Il fit imprimer à Aurillac deux recueils de vers dont le premier porte le titre : « Vers patois par un Berger de Boisset », sans autre nom d'auteur et sans indication de date ni d'imprimerie. En tête du recueil se trouve cette note : « C'est à la sollicitation de plusieurs de mes amis que je me suis déterminé à faire imprimer ces vers patois ; si le public daigne les accueillir avec faveur, je ferai paraître plus tard un recueil beaucoup plus volumineux ». Le public semble avoir été indulgent, car le second recueil, sans être beaucoup plus volumineux que le premier [2], n'est plus anonyme. Il porte le titre : « Nouveaux vers patois par M. J.-B. Brayat, de Boisset. Aurillac, de l'Imprimerie de Viallanes ».

L'Avare, le Bonheur de l'homme des champs, le Bon sens du paysan : ces quelques titres indiqueront assez bien la note générale des vers de Brayat. Elle est souvent morale, voire religieuse. Dans trois pièces en particulier, le sentiment religieux est développé à un très haut degré : ce sont l'*Ode aux Ecclésiastiques*, la *Mort du Vieillard de mon village*, et le *Philosophe sans Philosophie*. L'*Ode aux Ecclésiastiques* n'est qu'une série d'éloges, et encore l'auteur trouve-t-il ces éloges insuffisants.

« Que n'ai-je, dit-il, la voix du grand écrivain, pour célébrer tant de vertus, tant de piété, et tant de gloire » [3]. Le *Vieillard de mon village* donne en mourant ce conseil à son fils : O los leys del saint Evongilé, — Gardo touxour un cur doucilé ». Quant au *Philosophe sans philosophie,* c'est une attaque dirigée contre « l'esprit fort » qui n'est philosophe qu'en temps favorable.

> « Hélas ! quond lou tounerre groundo,
> Ou bien quond lo mort fait so roundo
> Lou philosophé és pus doucilé
> Coumenço o créiré o l'évongilé ! »

Or, ce sont justement ces trois pièces que M. Meyniel supprima dans son édition de 1907, d'où se dégage, par conséquent, une toute autre impression de Brayat que celle que nous donnent les deux recueils primitifs. M. Meyniel nous fait voir le côté fin, observateur, un peu narquois, surtout quand il s'agit de la *Guerre Domestique*, du poète : il ne nous montre pas le Brayat royaliste et catho-

1. A. Meyniel, *Auvergne et Auvergnats*, Paris, Ficker, 1909, p. 18-19.
2. Le premier recueil est de huit pages, le second de seize.
3. Introduction du premier recueil.

lique. C'est pourtant le côté moral et religieux qui l'emporte, dans l'ensemble de l'œuvre, et ce serait méconnaître Brayat que de l'ignorer [1].

On peut juger de la langue de Brayat sur les quelques extraits de ses œuvres donnés ci-dessus. C'est une langue fortement francisée, et la facilité avec laquelle on la traduit [2] donne à croire que ses vers étaient pensés en français plutôt qu'en patois. Mais Brayat nous en prévient dans ce quatrain qui se trouve à la fin de l'introduction du premier recueil :

> « Public, je t'avertis d'avance,
> Que j'ai droit à ton indulgence,
> Puis qu'en six mois, dans mon village
> J'ai fait tout mon apprentissage. »

Le dialecte, en tant que dialecte, l'intéressa peu.

Autrement grande que la réputation de Brayat fut celle de Veyre, qui eut un moment de triomphe avant de retomber dans l'oubli. Jean-Baptiste Veyre naquit en 1798 à Aurillac [3]. Instituteur pendant quelque temps à Vic-sur-Cère, il alla ensuite se fixer à Saint-Simon, où il passa le reste de sa vie. Pour se délasser de ses travaux professionnels et peut-être aussi pour se faire oublier les fréquentes corrections de sa femme, qu'il appelait non sans raison sa « Xantippe », il se mit à rimer en patois. En 1851 ses vers étaient assez connus pour qu'il fût invité à prononcer un discours en dialecte d'Auvergne sur le pâtre Gerbert, pape sous le nom de Sylvestre II. Sur la place d'Aurillac, au pied de la statue de Gerbert faite par David d'Angers, Veyre débita le poème qui dit l'humble naissance, la vie dure du pâtre, et la gloire qui vint couronner ses efforts [4]. Trois ans plus tard, Jasmin vint à Aurillac en tournée pour les pauvres, et Veyre fit pour cette occasion son « Boun Ser o Jasmin » dans lequel, se traitant lui-même de roitelet, il fit l'éloge du « ros-

---

1. C'est M. Lhermet qui a relevé ce fait dans un article paru dans la *Cobreto*, octobre 1922 : « Nos devanciers et nos maitres ».

2. Je n'ai même pas cru nécessaire de donner la traduction des passages cités.

3. Boucharel, *Grammaire*, p. 91. A l'occasion de l'inauguration de la plaque de Veyre, M. Pagès fit remarquer que l'acte de naissance porte le nom *Veyres* avec un *s*, et que les actes de mariage et de mort portent *Veyre*, sans *s* (*Cobreto*, juin 1922).

4. *Piaoulats d'un reï-petit*, p. 51.

signol d'Agen » [1]. Jasmin répondit par ce compliment gracieux :

> « M'y counissé, Moussu, oquel oussel contayré
> O lou pioula plo musicayré.
> Oquès un roussignol, que per jou s'est bestit
> Dé lo plumo d'un reï-petit. » [2]

En 1860, grâce à la souscription publique, Veyre put faire paraître le petit volume : *Les piâoulats d'un reï-petit*, recueil de poésies patoises. Ce sont, pour la plupart, des pièces de circonstance, parmi lesquelles se trouvent, en outre, les vers sur Gerbert, et le compliment à Jasmin, une pièce adressée au *Prince Louis-Napoléon Bonarparte, à l'élu du 20-21 décembre 1851*, et une autre à S. M. Napoléon III, de la part des habitants de Saint-Simon, à l'occasion de l'attentat du 14 janvier 1858. Une lettre à Monsieur l'abbé C... nous montre le poète d'humeur moins révérencieuse : le vin, dit-il lui donne de telles forces qu'il se croit un Apollon, et que Pégase

> «... O bel sé cobra, faïre peta les fers,
> Lou téné pel lo quiou per t'escriouré mous bers. » [3]

Dans le même ton est le fameux couplet que Veyre écrivit pour une auberge qu'il fréquentait :

> « Lou triste temps per un pintaïre
> Qué nes pas aïgossesiaïre !
> Aro, poudes beni eici
> Trouborès del boun bi. » [4]

C'est cette auberge qui le reçut en 1861, après la mort de sa femme, et où il devait finir ses jours.

L'année suivante vit Veyre à l'apogée de sa gloire. L'académie de Clermont vint rendre hommage à son talent et lui ouvrit ses portes. Mais l'éclat de sa réputation, qui avait su s'étendre au delà du Can-

---

1. *Piâoulats d'un reï-petit,* p. 75.

2. Je m'y connais, Monsieur, cet oiseau chanteur — a le chant très mélodieux ; — c'est un rossignol qui par jeu s'est vêtu — du plumage d'un roitelet (Bancharel, *Grammaire*).

3. ... a beau se cabrer, faire sonner les fers, — je le tiens par la queue pour t'écrire mes vers.

4. Le triste temps pour un buveur — qui n'aime pas l'eau ! — Maintenant, vous pouvez venir ici, — vous trouverez du bon vin (Duc de la Salle, *op. cit.*, t. II, p. 111).

tal, ne dura guère ; et Veyre tomba vite dans l'oubli. La pauvreté
survint et il mourut dans la misère en 1876 [1]. Le portrait que fit
de lui Eloi Chapsal [2], le montre encore dans la plénitude de ses
forces, avant que le malheur et des libations trop fréquentes ne
l'eussent brisé.

Ils aimaient tous la bouteille, Veyre, Brayat, et Frédéric Dupuy
de Grandval, et pour Grandval (1802-1859), encore plus que pour
Veyre, cette passion fut funeste. Ses poésies, éparses dans des
journaux locaux, n'ont jamais été réunies ; mais telles que nous les
connaissons, elles traitent de politique ou elles célèbrent les bons
vins d'Auvergne [3]. La jolie poésie, *Un Exilat*, écrite en 1850 [4],
révèle chez Grandval une tendresse et une délicatesse inattendues.
Mais plus dans son ton habituel sont *Ses Étrennes aux Bons Enfants* :

> « Brabes efonts, lou cornobal s'oprotchio.
> Lou pitchiou blus se bendro pas trot car. » [5]

Comme Veyre, Grandval assista à la Soirée Jasmin du 23 février
1854, et souhaita la bienvenue au « rossignol d'Agen ». Son compliment ne fut pas moins gracieux que celui de Veyre :

> « Portés lou jionti noum d'uno poulido flour ;
> Tous bers n'oou lou porfum, toun âmo lo coulour. » [6]

et puis :

> « Un Diéou déi bers potaïs naît pas toutes les jiours. » [7]

Jasmin ne fut pas en peine, cette fois non plus, de trouver une
réponse, que Bancharel rapporte dans sa *Grammaire* : « A Saint-
Flour, dit-il, j'ai trouvé quinze muses, vous serez la seizième. Non,
je me trompe..... Vous êtes la première. »
Malgré la prière de l'*Exilat* [8], Grandval ne devait pas finir se-

1. Duc de la Salle, *op. cit.*, t. II, p. 124.
2. *Ibid.*, en face p. 136.
3. Duc de la Salle, *op. cit.*, tome II, p. 101, et Bancharel *Grammaire*, p. 87 s.
4. *Cobreto*, mai 1895.
5. Braves enfants, le carnaval s'approche. — Le petit bleu ne se vendra pas
trop cher, Duc de la Salle, *op. cit.*, tome II, p. 101.
6. Tu portes le joli nom d'une belle fleur ; — tes vers en ont le parfum, ton
âme la couleur (Bancharel, *Grammaire*, p. 96).
7. Un Dieu des vers patois ne naît pas tous les jours (*Ibid.*).
8. *Cobreto*, m. 1895.

jours au nid natal. Séparé de sa femme [1], il mourut dans la
misère [2], après avoir trop bien vécu.

Il ne nous reste pas grand'chose de l'œuvre de Brayat et de
Grandval ; nous possédons encore moins de l'abbé Bouquier, qui,
avec A. Bancharel, complète la « pléiade cantalienne » de Félicien
Court. Curé d'Ytrac et de Leynhac, l'abbé Bouquier alla vers la fin
de sa vie [3] à la Martinique, où il serait mort. Le Duc de la Salle
suppose qu'il ait emporté avec lui ses manuscrits et que ceux-ci aient
été dispersés ou perdus après sa mort. Nous connaissons de lui une
pièce citée par A. Bancharel [4] :

« Dialogue d'un curé qui, personnellement,
Pour gagner un procès, a fait un faux serment. »

Ni le style ni la langue de cette pièce ne justifie l'opinion sur l'abbé
Bouquier qu'exprime, dans son *Conte Vertadier* [5], Vermenouze :

« Aqu'èro un pouèto, un felibre
Qu'abia fàch prousses vers per n'en coumposà'n libre...
Les fasia'n lengo d'oc è càu dire qu'alèro,
L'estièlo de set ràis n'esterlusia pa'nquèro,
Lou felibrige èro descounegut,...
Sans aquò, nostre abat, ignouràt dins soun tràue,
Seria 'stàt, lou pus mins, felibre majouràu. » [6]

C'est beaucoup dire, donné la seule pièce par laquelle nous puissions
le juger. On se demande si Vermenouze, dont la famille avait sans
doute connu l'abbé Bouquier comme curé d'Ytrac, a eu sous les yeux
des manuscrits de celui-ci, et s'il ne connaissait pas mieux la réputation de l'abbé comme pêcheur de truites que son talent poétique.

C'est qu'en vérité, ces patoisants n'ont pas de génie ; ils ont
même très peu de talent. Veyre vaut évidemment tous les autres ;
encore son Pégase, que nous rencontrons à maintes reprises, ne
s'élève-t-il jamais bien au-dessus de la terre. Mais ce qui nous frappe

1. Duc de la Salle, *op. cit.*, tome II, p. 99.
2. *Ibid.*, tome II, p. 106.
3. Vers 1839 (Duc de la Salle, *op. cit.*, tome II, p. 72).
4. *Grammaire.*
5. *Jous la Cluchado*, Aurillac, Imp. Moderne, 1908, p. 290 s.
6. C'était un poète, un félibre — qui avait fait assez de vers pour en composer
un livre,... Il les faisait en langue d'oc, et il faut dire qu'alors, — l'étoile à sept
rayons ne brillait pas encore, — le félibrige n'était pas connu,... Sans cela, notre
abbé, ignoré dans son trou, — aurait été, pour le moins, félibre majoral.

le plus dans l'œuvre des patoisants, c'est le manque absolu du principe directeur que nous verrons dominer chez les félibres. Chaque poète écrit pour lui-même, son œuvre ne fait partie d'aucun ensemble, il ne suit aucun courant littéraire. Or, si Veyre eût été un poète véritable, il n'eût pas souffert de cet isolement : il aurait eu des disciples, il aurait formé autour de lui un groupe littéraire ; s'il ne suivait pas de courant déjà existant, il en aurait créé de nouveaux. Mais ni Veyre ni Brayat, non plus que Dupuy de Grandval ni l'abbé Bouquier, ne pensait faire école ; et c'est là ce qui les distingue le plus nettement des félibres. Sans l'École Auvergnate qui vint les ressusciter, leurs vers seraient aujourd'hui perdus, et leur souvenir même serait en train de disparaître.

Cependant, au moment même où Veyre reçut Jasmin à Aurillac, le mouvement félibréen se préparait. Déjà en 1852, Roumanille avait fait paraître un recueil de vers patois de poètes vivants [1]. La même année, on s'était réuni en « Congrès de Troubaires » à Arles, et l'année suivante à Aix, pour discuter la question d'orthographe [2]. Un second recueil de vers patois, où se trouvaient réunies les poésies qui avaient été lues ou envoyées au congrès d'Aix, parut en 1854 [3]. Enfin, le 21 mai 1854, eut lieu à Font-Ségugne, près Arles, la première réunion officielle du Félibrige [4]. Les « Sept de Font-Ségugne » : Roumanille, Paul Giéra, Théodore Aubanel, Eugène Garcin [5], Anselme Mathieu, Frédéric Mistral, Alphonse Tavan, se promirent de « faire de belles œuvres dans la langue de leur pays natal » [6].

Le premier numéro de l'*Armana Provençau* [7] donna en préface le manifeste du Félibrige : « Les félibres, à l'opposé de ceux qui fuient leur langue maternelle, l'affligent, la maltraitent, et la foulent aux pieds, doivent rester autour d'elle, la défendre, la consoler, l'aimer et la chanter » [8]. Quatre ans plus tard parut *Mireille* [9] qui fut à la fois comme la justification et la consécration du Félibrige.

---

1. *Li Provençalo*, Avignon, Séguin Aîné.
2. *Roumavagi deis Troubaires* publié par J.-B. Gaut, Aix, Paris, Marseille, 1854. p. XVII.
3. *Ibid.*
4. G. Jourdanne, *Histoire du Félibrige*, Avignon, 1897, p. 22.
5. Remplacé par Jean Brunet (v. G. Jourdanne, *op. cit.*, p. 20, note 2).
6. G. Jourdanne, *op. cit.*, p. 23.
7. Avignon, Roumanille, 1855.
8. Traduit du provençal.
9. F. Mistral, Avignon, Roumanille, 1859.

Le mouvement félibréen ne tarda pas à gagner toute la Provence. Aubanel fit suivre le succès de *Mireille* par celui de la *Miougrano-Entreduberto* [1] ; Mistral lui-même, qui ne cessa jamais d'écrire sa belle langue provençale, donna *Calendal* en 1867, les *Iscios d'or* en 1879, et l'immense *Trésor dou Félibrige*, œuvre de toute une vie, de 1878 à 1886 [2]. *Li Carbounié* [3] révélèrent en Félix Gras un digne continuateur de l'œuvre des premiers félibres.

Le triomphe des Sept de Font-Ségugne aux Jeux Floraux d'Apt, de 1862, où ils furent reconnus comme juges et arbitres, les décida à rédiger les statuts du Félibrige [4]. Mais ce ne fut qu'en 1876 que le développement extraordinaire du Félibrige nécessita l'adoption d'une véritable constitution. En voici les articles les plus importants : le Félibrige se divise en Maintenances, qui correspondent chacune à un grand dialecte d'oc ; les Maintenances se divisent en Écoles. Il y a cinquante félibres majoraux, nommés à vie, et des félibres mainteneurs en nombre illimité. Le symbole du Félibrige est une étoile à sept rayons ; l'insigne du félibre majoral, une cigale d'or. Des Jeux Floraux, ou concours littéraires, doivent se tenir, tous les sept ans pour le Félibrige tout entier, plus souvent dans les Écoles. Les discussions religieuses et politiques sont interdites dans les réunions félibréennes [5].

La renaissance méridionale passa à la fin du siècle jusqu'en Auvergne. Elle ne s'y établit pas sans quelques difficultés : le rude parler montagnard semblait moins propre à la poésie que la langue coulante d'un Mistral, et Aurillac n'avait pas, comme Toulouse, la tradition de l'Académie de Clémence Isaure. Mais quelques écrivains auvergnats, félibres de cœur avant de l'être de fait, travaillaient à la cause félibréenne, et grâce à une propagande avisée, ils purent préparer la terre pour que, plus tard, Vermenouze y semât et y récoltât. Ce furent eux qui, de patoisants devenus félibres, se montrèrent de véritables précurseurs de l'École Auvergnate, et c'est à Auguste Bancharel et à Francis Courchinoux, plutôt qu'à Veyre et qu'à Brayat, que revient ce titre.

1. Avignon, 1860.
2. *Calendal, Lis Isclos d'or*, Avignon, Roumanille ; *Lou Trésor dou Félibrige*, Aix-en-Provence, Remondet-Aubin.
3. Avignon, 1875.
4. G. Jourdanne, *op. cit.*, p. 59-60.
5. G. Jourdanne, *op. cit.*, p. 247-258.

C'est Auguste Bancharel, dit l'auteur de *Mignounetto* [1] en parlant de son père, « qui entreprit la grande renaissance de notre poésie ; et le groupe nombreux des félibres d'aujourd'hui doit sa reconnaissance à celui qui, après Veyre, accorda son chalumeau ». Originaire de Reilhac, où il naquit le 15 septembre 1832, Auguste Bancharel se fit d'abord instituteur, puis percepteur, et entra enfin dans le journalisme [2]. Éditeur et imprimeur, il fonda à Aurillac l'*Avenir du Cantal*, journal républicain hebdomadaire, où il faisait de la propagande à la fois politique et félibréenne [3]. Le Félibrige venait d'entrer dans la troisième période de son existence, période où, malgré l'article II des Statuts de 1876 [4], on l'accusait d'être décentralisateur, voire séparatiste [5]. Or, Bancharel voyait la décentralisation d'un œil plutôt favorable. Il voulait le retour des vieux usages auvergnats, des vieux costumes, surtout de la vieille langue. Dans ce but, il organisa des concours de cabrette, instrument cher à tout Auvergnat de race, et des fêtes où les discours étaient dits en patois [6], et le rire moqueur de ses ennemis ne lui fit jamais renier sa *Marianne* [7].

Mais pour la cause félibréenne, plus importantes même que propagande, discours en patois, et concours de cabrette, étaient les *Rimes patoises*, car c'est là que se révéla Vermenouze. Ces Rimes Patoises parurent dans l'*Avenir du Cantal*, et bien que Bancharel lui-même en écrivît le plus grand nombre, des vers d'autres rimeurs venaient parfois augmenter sa copie. Parmi ses collaborateurs modestes, Bancharel remarquait et encourageait surtout Arsène Vermenouze dont le talent tardif commençait alors à porter fruit.

En 1886, Bancharel fit paraître la *Grammaire et les poètes de la langue patoise d'Auvergne* [8], un petit volume bien plus modeste que son titre ne semblerait l'indiquer. La première partie traite de la pro-

---

1. Émile Bancharel, Aurillac.

2. Duc de la Salle, *op. cit.*, t. II, p. 141, 148.

3. Plusieurs pièces patoises, qui parurent dans l'*Avenir du Cantal* avant de paraître dans la *Grammaire*, sont des pièces de politique électorale.

4. Article qui défend les discussions religieuses et politiques.

5. G. Jourdanne, *op. cit.*, p. 75.

6. J. Ajalbert, *Au Cœur de l'Auvergne*, Paris, Flammarion, 1922, p. 29.

7. Voir le *Moniteur du Cantal*, journal politique hebdomadaire, et l'*Avenir du Cantal*, de cette époque. La *Marianne* est la muse patoise de Bancharel.

8. Aurillac.

nonciation, de l'étymologie et de l'orthographe du patois ; elle
donne ensuite quelques extraits d'anciennes chartes, des pages fort
intéressantes de proverbes en patois, et une esquisse de grammaire.
Dans la seconde partie, Bancharel relève les patoisants du XIXᵉ siècle :
Veyre, Brayat, et d'autres, versificateurs plutôt que poètes, auxquels
viennent s'ajouter F. Courchinoux et Vermenouze [1]. Or, si Vermenouze et Courchinoux figurent parmi *les poètes de la langue
patoise d'Auvergne,* c'est à titre de patoisant, et non pas de félibre.
Mais quand ils auront, plus tard, fondé l'École Auvergnate, cette
simple énumération qu'avait faite Bancharel, d'éléments isolés et
sans rapport entre eux, prendra l'air d'une évolution et l'on verra,
dans ces patoisants qui ont précédé les félibres sans les influencer,
des précurseurs au sens plein du mot.

Les poètes patois avaient eu leur recueil ; ce fut ensuite le tour
des conteurs. Sous le titre de *Veillées Auvergnates* [2], Bancharel réunit des contes, des anecdotes, des *gaudrioles,* dont plusieurs de sa
propre invention. Les *Veillées Auvergnates* parurent de 1887 à 1889,
et furent reprises en 1891 par le fils de Bancharel, qui continua de
les publier jusqu'en 1893 [3]. Les dix-sept fascicules, formant en tout
deux tomes, constituent un recueil précieux de ces contes qui
abondent en patois, mais qui restent, le plus souvent, à l'état de
tradition orale.

Si Bancharel avait abandonné à son fils le soin de continuer son
œuvre, c'est que la mort avait mis fin à sa propre activité. Sans
doute aurait-il voulu fonder lui-même une École Auvergnate, dont
Vermenouze aurait été le chef. Mais en 1889, bien que Vermenouze,
l'homme, fût déjà assez mûr, le poète ne s'était pas encore montré
à la hauteur de la tâche qu'il devait entreprendre cinq ans plus tard.
Et en 1889, à l'âge de cinquante-sept ans, Auguste Bancharel mourut, sans avoir vu réaliser son rêve [4].

1. Le nom de P. Géraud s'y trouve également. Bancharel donne en dernier
lieu quelques-uns de ses propres vers ; ce sont pour la plupart des pièces de politique électorale.

2. *Historiettes et contes en patois,* Aurillac, Imp. Bancharel, 1887-89 (les 5 premiers fascicules en 1887 ; 6-7 en 1888 ; 10-12 en 1889). 2ᵉ Édit. E. Bancharel,
t. I-1909 (9 premiers fasc.).

3. *Poésies, Gaudrioles et Contes Patois,* recueillis et publiés par E. Bancharel,
Aurillac, E. Bancharel, 1895 (Fasc. 10-12 d'A. Bancharel ; fasc. 13 paru en
1891, 14 et 15 en 1892, 16 et 17 en 1893).

4. Duc de la Salle, *op. cit.,* tome II, p. 163.

Plus heureux que Bancharel, Francis Courchinoux vit son œuvre de précurseur se transformer en œuvre de fondateur et de collaborateur. Il naquit à Saint-Mamet, en 1859, et avait donc neuf ans de moins que Vermenouze dont il devint le directeur de conscience et le maître en matière poétique. Amené tout jeune à Aurillac, il y fit ses études avant d'entrer au Petit-Séminaire de Pleaux, puis au Grand Séminaire de Saint-Flour. A la sortie du séminaire, il fut professeur, de 1884 à 1886, à Pleaux. Il alla ensuite à l'École des Hautes Études à Paris, et fut rappelé à Saint-Flour pour y professer l'histoire au Petit Séminaire. Un voyage en Terre Sainte vint interrompre ses études, qu'il reprit dès son retour. Licencié en philosophie, il dirigea l'École Gerson à Paris [1].

Comme Bancharel, l'abbé Courchinoux s'intéressa vivement au journalisme. Il aida à la fondation de la *Croix du Cantal* et fonda lui-même la *Croix Cantalienne* [2]. L'organisation de l'Imprimerie Moderne, qui devait publier les œuvres patoises de Vermenouze et du Duc de la Salle, est due à ses efforts [3].

On verra plus loin le rôle que joua l'abbé Courchinoux comme fondateur de l'École Auvergnate et collaborateur de la *Cobreto*. Nous ne devons considérer ici que son œuvre de précurseur. A peine âgé de vingt-trois ans, il fit paraître un recueil de vers patois, *Lo Pousco d'or* [4]. C'est une muse toute autre que celle de Bancharel, qui réclame pour le patois les privilèges accordés en général au seul latin [5]. Les vers de Courchinoux sont polis, raffinés, parfois mélancoliques, jamais passionnés. Ajalbert a dit de *Pousco d'or* que c'est le livre de la vingtième année d'un brillant séminariste, à qui sont interdits les sujets profanes [6]. Mais ce n'était pas tout simplement que les sujets profanes étaient défendus au jeune Courchinoux. Se considérant déjà comme félibre, il voulait épurer son dialecte et le relever au rang d'une langue.

> « Oquèlo lengo mésprésado
> Lengo del peyson, de l'oubrié

1. Duc de la Salle, *op. cit.*, tome II, p. 201-203.
2. Journal Catholique.
3. Duc de la Salle, *op. cit.*, tome II, p. 205.
4. Aurillac, Gentet, 1884.
5. « Car en cela le patois tient du latin : il brave souvent l'honnêteté ». Bancharel, *Grammaire*, p. 55.
6. J. Ajalbert, *op. cit.*, p. 45.

D'èntre leis bons de l'otilié
leou... l'ai déménado. » [1]

dit-il de sa propre œuvre. Et il se rend bien compte de son rôle
de précurseur dans les vers suivants :

« Oh ! Mortchias aro, més omi,
Sus mo piado jioyous è libre,
Bous ay dubér lou boun comi ! » [2]

S'il semble parfois avoir trop poli, trop épuré, du moins a-t-il
péché par excès de zèle.

Mais tout comme Bancharel, l'abbé Courchinoux paraît moins
intéressant par son œuvre patoise que par l'influence qu'il exerça
sur Vermenouze. Directeur de conscience, maître et ami du poète,
c'est à lui qu'est due en grande partie la publication de *Flour de
Brousso* [3]. C'est lui qui en fit la traduction française, qui trempa de
sa sueur plus d'une chemise, comme le dit Vermenouze, pour évi-
ter que son disciple mouillât la sienne [4]. Et le génie rude de Vermenouze sut profiter du contact avec le talent raffiné de Courchinoux.

Bien qu'il ne cessât jamais d'écrire en patois [5], l'abbé Courchinoux ne fit paraître d'autres vers patois que le mince volume de
Pousco d'or, qui fait, avec les *Miettes* [6], poésies françaises d'un
goût romantique, toute son œuvre poétique. Il mourut, encore jeune,
en 1902, à Aurillac [7].

Tels étaient les deux véritables précurseurs de l'École Auvergnate.
Mais quand l'École vint à s'établir en 1894, Francis Courchinoux
vivait toujours, et l'on alla chercher des précurseurs dans un passé
plus lointain. On crut les trouver, comme nous l'avons déjà indiqué,
dans la *Grammaire et les poètes de la langue patoise d'Auvergne*.

« Jean-Baptiste Brayat, de Boisset, l'abbé Bouquier, de Calvinet

1. Cette langue méprisée — langue du paysan, de l'ouvrier — d'entre les
bancs de l'atelier — moi..... je l'ai fait sortir (*Lo Pousco d'or*, p. 80).

2. Oh ! marchez maintenant, mes amis, — joyeux et libres, sur les traces de
mes pieds, — je vous ai ouvert le bon chemin (*Lo Pousco d'or*, p. 98).

3. Duc de la Salle, *op. cit.*, tome II, p. 212.

4. Dédicace de *Flour de Brousso*.

5. Il collabora à la *Cobreto* sous le nom de *Pierrou l'Escorbillat*.

6. *Poésies de jeunesse*, Aurillac, Gentet, 1886.

7. Duc de la Salle, *op. cit.*, t. II, p. 208.

Dupuy de Granval, d'Aurillac ; Jean-Baptiste Veyre, de Saint-Simon ;
Auguste Bancharel, de Reilhac... Cinq noms composent la pléiade
de notre renaissance cantalienne », écrivait J.-Félicien Court dans
la *Cobreto* du 7 mars 1895. Aujourd'hui Veyre a sa plaque de marbre
à Saint-Simon, Brayat son buste à Boisset. Et bien que Veyre eût
été aussi étonné de la Sainte-Estelle qui rayonne au-dessus de sa
plaque [1] que Brayat du nom de poëte-félibre gravé sur le piédestal
de son buste [2], on a pris l'habitude de les associer à l'œuvre félibréenne et de leur accorder le titre de précurseur.

[1]. La plaque, surmontée d'une étoile à sept rayons, porte l'inscription : O J.-B
VEYRES — (1798-1876) — Lou Rei-petit d'o Sont-Simoun — l'ESCÒLO
OUBERNHATO — 1922. [A J.-B. Veyres, (1798-1876), le Roitelet de St-Simon,
l'École Auvergnate, 1922] (*Lo Cobreto*, juin 1922, p. 2).

[2]. Le piédestal porte l'inscription : A J.-B. BRAYAT — (1779-1858)
Médecin — Poète Félibre — Ses compatriotes reconnaissants — J. Antraygues
Maire — Boisset, 25 août 1905. (A. Meyniel, *Auvergne et Auvergnats*, Paris
1907).

CHAPITRE II

HISTORIQUE DE L'ÉCOLE AUVERGNATE

Le terrain était donc préparé en Auvergne ; les félibres n'y atten-
daient qu'un chef, et en 1894 ce chef se présenta en Vermenouze.
Ou plutôt il fut présenté, car les véritables fondateurs de l'École
Auvergnate, ce furent Émile Bancharel et l'abbé Courchinoux. Nous
avons vu celui-ci s'intéresser à la renaissance méridionale, s'essayer
lui-même en vers dialectaux, encourager le disciple qui se montrait
déjà son maître. L'autre, Émile Bancharel, avait hérité de son père
l'*Avenir du Cantal*, et sa passion pour la cause félibréenne. Ils furent
secondés dans leurs efforts par J.-Félicien Court, félibre et journa-
liste toulousain, et par Louis Abel, rédacteur de la *Petite Gironde*
d'Aurillac.

Le 27 juin 1894, Vermenouze, Abel, E. Bancharel, l'abbé Courchinoux et quelques autres, décidés à fonder l'École Auvergnate, se
réunirent chez Mgr Géraud pour former un comité d'organisation [1].
La première assemblée générale de la nouvelle École eut lieu le
15 novembre suivant, dans la salle des mariages de la Mairie, sous
la présidence d'A. Chibret. Vermenouze prononça un discours dans
lequel il dit le but et le programme de l'École. Félicien Court lut
une dépêche de la reine du Félibrige, Marie Girard, une autre d'Eugène Lintilhac, et des lettres de Mistral, de Félix Gras, du capiscol
de l'École de Paris, Amouretti, et de l'École Limousine. Le choix
d'un capiscol, ou président, pour l'École Auvergnate ne fit point
hésiter ; on nomma Vermenouze à l'unanimité. Mgr Géraud,
Emmanuel des Essarts, doyen de la Faculté des Lettres à Clermont,
Eugène Lintilhac, et Louis Farges, archiviste au Ministère des
Affaires étrangères à Paris et cousin de Vermenouze, furent nommés

1. *Cobreto*, déc. 1922, p. 3, et *Lou Félibrige*, Marseille, 1897, p. 72 s.

capiscols d'honneur. Furent nommés ensuite sous-capiscols, le docteur Fesq, maire d'Aurillac, et Félicien Court ; secrétaires, l'abbé Courchinoux et Louis Abel ; et trésorier, H. Delteil [1]. Les statuts de l'École Auvergnate suivirent de près ceux du Félibrige de 1876 : pourront faire partie de l'École tous ceux qui ont au cœur l'amour de leur pays, de sa langue et de ses traditions ; le but de l'École est purement littéraire et patriotique ; les discussions religieuses et politiques sont défendues ; l'École tiendra des Jeux Floraux tous les ans ; enfin, elle aura comme organe officiel une revue mensuelle, *lo Cobreto*.

L'École Auvergnate compta parmi ses premiers adhérents des gens d'église, tels que Mgr Géraud et l'abbé Courchinoux ; des gens de lettres, comme Eugène Lintilhac ; des avocats, comme Ajalbert ; des journalistes, tels Abel, et Louis Bonnet, directeur de l'Auvergnat de Paris ; des professeurs et des instituteurs ; des fonctionnaires, et des commerçants [2].

Mais ce n'était pas tout que de fonder l'École Auvergnate à Aurillac ; on voulait pour elle l'appui de Paris. Le 9 décembre 1894, à l'occasion d'un banquet donné par la Ligue Auvergnate de Paris, Vermenouze adressa à ses compatriotes dépaysés une *porlicado* [3] en dialecte d'Aurillac. Par la facilité avec laquelle il maniait son dialecte, — preuve que celui-ci n'était point mort et que vouloir le ressusciter n'était pas un rêve vain —, ainsi que par sa puissante évocation du pays natal, de ses airs, — *regret, grondo, bailero* —, de sa cabrette et de sa bourrée, il sut toucher ses auditeurs, qui lui témoignèrent leur sympathie et lui promirent leur appui. Jean Ajalbert et Eugène Lintilhac se chargèrent de veiller sur les intérêts de la jeune École à Paris. L'avenir de l'École ne sembla plus douteux ; et bien que, par la suite, la capitale s'intéressât peu au Félibrige cantalien, l'accueil qu'elle fit au nouveau capiscol n'en fut pas moins précieux, car celui-ci en tira le courage de continuer son œuvre, et une fois établie, l'École Auvergnate se suffit à elle-même.

Le premier anniversaire de l'École Auvergnate fut célébré le 24 juin 1895, à Aurillac. Des félibres de marque, Félix Gras, capou-

---

1. *Lou Félibrige*, Marseille, 1897, p. 72 s. : lettre de Vermenouze pour le comité d'organisation.

2. Voir les premiers numéros de la *Cobreto*, 1895.

3. Voir *Flour de Brousso*, Un Er de Cobreto.

lié du Félibrige, Paul Mariéton, directeur de la *Revue Félibréenne*, Gaston Jourdanne, qui écrivait alors l'histoire du Félibrige, et Eugène Lintilhac, arrivèrent de Brive, où ils venaient de fêter la Sainte-Estelle Limousine [1]. Armand Delmas nous dit comment il reçut, en même temps que Vermenouze, Ajalbert et H. Delteil, l'accolade de Félix Gras : « Aro, ses Felibres ! [2] » La soirée à Aurillac, dont le succès faisait penser à la réception de Jasmin en 1854, fut suivie d'un banquet et d'un concours de cabrettes à Vic-sur-Cère. Dans une de ses fameuses *porlicados*, Vermenouze expliqua aux félibres du Midi les premières hésitations qu'avaient eues les Auvergnats à se joindre au Félibrige ; puis il dit tout le plaisir qu'ils avaient éprouvé, une fois l'œuvre et le but du Félibrige compris, à se rallier aux autres pays d'oc sous l'étoile à sept rayons. « Aujourd'hui, continua-t-il, l'œuvre félibréenne nous paraît œuvre d'union, qui réunit sur la même branche les oiseaux d'un même nid [3] ». Ainsi fut consacrée la jeune École et la cabrette prit place à côté du tambourin provençal dans les annales du Félibrige [4].

L'organe officiel de l'École Auvergnate tira son nom de l'instrument du pays, la cabrette, et avait comme devise le couplet :

« Lo bouole, lo Morianno,
Lo bouole, omai l'ourai. » [5]

Il devait faire place égale, dans ses colonnes, au dialecte et au français, pourvu que celui-ci traitât de sujets régionalistes. Ses rédacteurs, fidèles à la tradition du Félibrige, dont le nombre symbolique est sept, se décidèrent à le faire paraître le sept du mois. Le premier numéro parut le 7 janvier 1895, avec un tirage de sept mille [6]. Ce fut Vermenouze qui fut l'âme de la *Cobreto* ; et à travers les pages de celle-ci, nous pouvons suivre la lutte ardente et opiniâtre qu'il faisait pour imposer les idées et l'idéal du Félibrige : ressusciter la langue d'abord, et garder les vieilles coutumes afin de

---

1. *Lou Félibrige*, 1895, p. 81 s.
2. *Cobreto*, sept.-oct. 1924, p. 19.
3. « …ohuéi, l'obro felibrenco — nous opores obro d'uniou, — qu'ossemblo sus lo mémo brenco, — les ousselous d'un mémo niou. » *Flour de Brousso*, Porlicado del Copisco! ol desporti d'o Bit.
4. *Lou Félibrige*, 1895, p. 81 s.
5. Premier couplet d'une bourrée célèbre.
6. *Cobreto*, janvier 1895.

mieux garder l'amour de la terre natale. Il s'adresse surtout aux
Écoliers, aux félibres, qui doivent donner l'exemple aux autres, non
seulement en parlant, mais encore en écrivant leur langue, cette
« langue antique et grande, langue du berceau [1] ».

> « Anen, félibre, duèr toun alo pouderouso
> E bai-t'en lo culi, l'estièlo luminouso,
> Què nostro lengo òuro sul front. » [2]

Mais il ne se contente pas d'encourager les autres, et c'est lui qui sait
le mieux suivre ses propres préceptes, — qu'il célèbre son pays et
les « choses d'antan », qu'il vante sa langue ou qu'il la fasse tout
simplement aimer par ses contes savoureux. Un tel appel, un tel
exemple, ne pouvait laisser de gagner tout le monde ; et malgré les
craintes et les prédictions premières [3], la *Cobreto* ne manqua pas de
copie, ni française, ni surtout dialectale. Parmi les principaux collaborateurs, dont la liste se trouve dans le numéro du 7 janvier 1896,
nous signalons L. Abel, Albert Arnavielle, félibre languedocien de
vieille date, dit le saint du Félibrige, E. Bancharel, l'abbé Courchinoux, l'archiviste Armand Delmas, Delhostal, Dommergues, E. des
Essarts, L. Farges, Mgr Géraud, E. Lintilhac, E. Marty, qui fit le
portrait de Vermenouze et les illustrations de *Flour de Brousso*, et
le duc de la Salle de Rochemaure.

Cependant, l'activité littéraire de l'École Auvergnate ne tarda pas
à s'étendre au delà des feuilles de la *Cobreto*. En 1896, Vermenouze
fit paraître *Flour de Brousso*, qui fut comme la « Mireille » auvergnate. Et bien que, du vivant de la *Cobreto*, il ne parût guère
d'autres œuvres importantes, plusieurs se préparaient qui devaient
paraître dans les dix premières années du xxᵉ siècle. Vermenouze
écrivait alors son second livre de vers dialectaux, *Jous la Cluchado*,
dont nous ferons plus loin une étude détaillée ; le duc de la Salle
travaillait aux *Troubadours Cantaliens* ; et l'abbé Four faisait des
recherches sur le dialecte d'Aurillac.

De tous les collaborateurs de la première *Cobreto*, celui qui a
laissé, après Vermenouze, l'œuvre régionaliste la plus considérable,

---

1. « ...lengo ontiquo, lengo bèlo,   lengo del brèt. » *Ois Escouliès, Cobreto*.
7 février 1895.

2. Allons, félibre, ouvre ton aile puissante — et va-t-en la cueillir, l'étoile lumi-
neuse, — que notre langue aura au front. *Ois Escouliès, Cobreto*, 7 février 1895.

3. Voir la *Cobreto*, déc. 1924, p. 8.

c'est le duc de la Salle de Rochemaure. Félibre grand seigneur, il fit entendre le dialecte d'Aurillac jusque sur les bords du Rhin, où il fut lauréat, en 1907, aux Jeux Floraux de Cologne [1]. Ses œuvres les plus intéressantes, du point de vue du régionalisme, sont les *Récits Carladéziens*, les *Troubadours Cantaliens*, et *Gerbert*. Les *Récits Carladéziens* [2] sont un recueil de contes en dialecte, qui valut au duc de la Salle, après la mort de Vermenouze, le titre de Majoral du Félibrige [3]. Ce sont, pour la plupart, des anecdotes, plus ou moins historiques, où passent tour à tour Jacques d'Armagnac, Milhaud, et des croisés albigeois, et où l'on voit la reine Margot [4] inventer par hasard le *bavarel* auvergnat [5].

En 1840, le comte Roger de Saint-Poncy avait esquissé, dans la *Revue d'Auvergne* [6], un plan de l'histoire de la poésie et de la langue auvergnates. « Mon étude, disait-il, divisée en trois parties, traitera... 1° du génie de la langue et de ses plus vieux monuments en ce genre, tels que chartes, donations, concessions, etc... ; 2° de la vie et des œuvres de ses troubadours ; la troisième partie comprendra enfin la poésie traditionnelle chantée ou parlée et celle de nos meilleurs auteurs patois ». Cette histoire, le comte Roger de Saint-Poncy ne l'a jamais écrite ; mais son plan, en tant qu'il traite de la poésie, fut repris par le duc de la Salle dans les *Troubadours Cantaliens*.

Le premier tome comprend les biographies des troubadours cantaliens du XII° et du XIII° siècles, précédées par un traité sur les troubadours en général. Le second comprend une esquisse de la poésie cantalienne du XIV° au XIX° siècle, les « textes des œuvres des troubadours, revus, corrigés, traduits et annotés par René Lavaud, agrégé des Lettres », et une bibliographie. Ce qu'il y a de plus précieux, dans l'œuvre, ce sont évidemment les textes des troubadours. Quant aux biographies des poètes cantaliens du XIX° siècle, le duc de la Salle reprend, en les complétant, celles qu'avaient données Bancharel dans sa *Grammaire*. Les portraits et les photographies dont il les a illustrées, — le sourire légèrement moqueur de Brayat, la

1. *Revue de la Haute-Auvergne*, 1907, p. 111.
2. Aurillac, Impr. Moderne, 1906.
3. J. Ajalbert, *Au cœur de l'Auvergne*, p. 67.
4. Marguerite de Valois, qui se retira au château de Carlat après son divorce.
5. Sorte de corsage évasé.
6. Oct. 1840, p. 337.

forte carrure d'Auguste Bancharel, la tête fine de l'abbé Courchinoux —, nous en disent parfois aussi long que le texte.

Quand le duc de la Salle mourut en 1915 [1], l'histoire du pape
Sylvestre II resta inachevée. Après la guerre, la duchesse et ses fils
se chargèrent de la publier, et la firent paraître en 1920, sous le
titre de *Gerbert* [2]. C'est l'histoire du pâtre, devenu pape, de son pon-
tificat et de son influence sur son siècle : — la thèse de Veyre dans
ses débuts officiels.

Les *Récits Carladéziens*, des préfaces, des conférences, et quelques
pièces parues çà et là : voilà l'œuvre dialectale du duc de la Salle.
Elle n'est pas grande, mais l'influence personnelle de son auteur le
fut autrement. Le duc de la Salle était en relations avec le roi d'Espagne, avec la reine de Portugal, avec le prince Napoléon, à qui il
dédia quelques-uns de ses *Récits Carladéziens* ; et ce fut sans doute
son influence, autant que ses œuvres, qui lui valut le majoralat du
Félibrige.

En reprenant le plan du comte Roger de Saint-Poncy, le duc de
la Salle avait laissé de côté l'histoire de la langue ; il ne toucha pas
non plus à la « poésie traditionnelle chantée [3] ». Mais les félibres
n'ont ignoré ni le charme des vieilles chansons populaires ni l'influence qu'elles ont exercée sur la poésie plus savante. N'est-ce pas
une bourrée qui a fourni à Bancharel, puis à Vermenouze, sa muse,
la *Marianne* ? Le *nodau* [4], la berceuse et les airs plus particulièrement
auvergnats : la *bailero*, dont le berger et la bergère se renvoient de
loin en loin le refrain *bai lero ! lero !* ; la *grondo*, lente mélopée que
chante en suivant la charrue le laboureur ; le *regret* qui dit les peines
de l'amour : des échos de ces vieux airs reviennent à chaque instant
dans toute la poésie auvergnate, qu'elle soit de patoisant ou de
félibre. Mais si le *nodau* se chante de préférence dans les veillées de
décembre, si la berceuse est réservée aux petits enfants, si la *bailero*
est surtout la chanson du berger ; la *grondo*, celle du laboureur ; et le
regret, celle de l'amoureux, la bourrée se chante à toute heure et
appartient à tout le monde. On dirait que l'Auvergnat est né
sachant danser la bourrée. Il pourra apprendre plus tard des danses
modernes, les préférer même à la danse du pays ; mais il n'en aura

1. *Cobreto*, juin 1923, p. 8.
2.   —   déc. 1920, p. 7, 8.
3. Exception faite de la Chanson des Pèlerins de Saint-Jacques.
4. Noël.

pas moins débuté par celle-ci. Or, tant qu'on dansera la bourrée, on gardera du moins quelques mots de la langue patoise, car la bourrée ne saurait se franciser. *Lo Morianno, lo bourreio d'Oubergno, n'o mai cin sous*, ne se traduisent pas.

Il n'est donc pas étonnant que les félibres aient voulu recueillir les vieilles chansons qui les avaient, directement ou indirectement, inspirés et qui sauraient peut-être mieux qu'eux garder la langue du pays. Vermenouze s'était contenté de chanter la bourrée et d'écrire des *regrets* ou des *nodau*, mais il ne manquait pas de musiciens à l'École Auvergnate. Marius Versepuy, compositeur auvergnat, qui mit en musique *Lou Pieu fin de ma migo* [1], arrangea plusieurs vieilles mélodies. Fernand Delzangles fit paraître, en 1910, un recueil de *Chants populaires de l'Auvergne* [2], et l'abbé Raymond Four réunit dans un livre de *Cansouns d'Auvernho* [3], des chansons qu'il avait recueillies et arrangées. Leur exemple sera suivi par la seconde École Auvergnate, qui se donnera comme un de ses premiers devoirs la tâche de ne pas laisser périr les airs du pays.

Les *Cansouns d'Auvernho* ne forment qu'une partie de l'œuvre de l'abbé Four, qui était avant tout étudiant de la langue. C'est lui le grammairien de la première École Auvergnate, et c'est encore lui qui entreprit la réforme de l'orthographe. Il fit paraître en 1903 les *Éléments de Grammaire languedocienne, dialecte d'Aurillac* [4], où il se déclara partisan de la graphie phonétique. Puis, convaincu de la supériorité de la graphie étymologique [5], il élabora le système qu'il exposa dans sa *Phonétique occitane* [6], et qu'il fit adopter à Vermenouze dans *Jous la Cluchado*.

Jous la Cluchado, parut en 1908, avec texte étymologique, texte

---

1. Extrait de *A la Marianno d'Auvèrnho, Jous la Cluchado*.

2. *Folklore Cantalien*, Aurillac, Terrisse.

3. Aurillac, 1913.

4. Aurillac, Impr. Moderne.

5. Malgré ce qu'en dit M. A. Jeanroy, dans son compte rendu des *Éléments de Grammaire languedocienne* (*Annales du Midi*, t. 15, 1903, pp. 445-6) : « Observer soigneusement les faits, transcrire les sons dans une graphie aussi rigoureusement phonétique que possible, telle doit être la devise du grammairien, sans quoi il se condamne à faire œuvre inutile et caduque. » Mais l'abbé Four semble avoir préféré écouter le compte rendu de son livre paru dans la *Revue de la Haute-Auvergne* (1903, pp. 434-5), où on lui reproche de s'être déclaré partisan de la graphie purement phonétique.

6. *Revue de la Haute-Auvergne*, 1904, p. 357 s.

phonétique, et traduction française. C'est un livre formidable de cinq cents pages, fait pour dérouter tout lecteur qui ne soit pas d'une patience et d'une persévérance rares. Entre le texte étymologique à gauche, la traduction française à droite, et le texte phonétique au bas de la page, on est dans un embarras de choix cruel, et l'on ferme le livre avec l'impression d'avoir fait un exercice philologique plutôt que d'avoir lu de jolis vers. Il est vrai que sans l'aide de l'abbé Four, *Jous la Cluchado* n'aurait peut-être jamais paru, car en 1908, Vermenouze n'était plus capable de se charger de la publication, quand même il l'aurait voulu. Mais à force de vouloir plaire à tout le monde, aux Aurillacois par le texte phonétique, aux occitaniens par le texte étymologique, et aux Français du Nord par la traduction française, l'abbé finit par ne plaire à personne. Un livre trois fois moins grand, avec un seul texte, soit phonétique, soit étymologique, et avec un glossaire, aurait mieux convenu aux vers qui le composent.

Question d'orthographe : c'est peut-être là une raison de la mort imprévue de la première *Cobreto*. Le numéro du 7 novembre 1900, porta le titre *La Cabreto*, au lieu de *Lo Cobreto* ; mais ce premier pas vers le système étymologique de l'abbé Four n'eut pas de suites. Vermenouze craignait-il que les abonnés de la *Cobreto* ne voulussent accepter la nouvelle graphie ? Quoi qu'il en soit, la revue cessa de paraître, sans avertissement aucun, avec le numéro du 7 décembre 1900. Peu de temps après, la mauvaise santé força Vermenouze à se retirer d'Aurillac ; l'École Auvergnate, privée de son journal et de son chef, languit et ne fut bientôt plus qu'un nom. Elle n'avait connu que quelques années de prospérité, et pourtant celles-ci suffirent à produire bon nombre d'œuvres félibréennes. On les donnerait toutes, il est vrai, pour un poème de Vermenouze, mais n'a pas de génie qui veut, et le mérite d'avoir écrit en dialecte est déjà assez grand. D'ailleurs, l'œuvre du plus modeste collaborateur de la *Cobreto* est allée accroître la tradition félibréenne qui permettra à la nouvelle génération de réorganiser l'École Auvergnate.

La mort de Vermenouze et ensuite la guerre achevèrent de mettre fin à l'activité félibréenne en Auvergne. Mais on gardait toujours intact le souvenir de ses beaux jours ; les jeunes de la première *Cobreto* n'avaient pas cessé d'écrire leur dialecte [1], quelques-uns des

---

1. M. Pagés fit paraître en 1918 un recueil de vers : *O Glorios del Contaou* (Aurillac).

vieux vivaient encore. Après la guerre, on parlait donc de réorganiser l'École et de reprendre la publication de la *Cobreto*.

Le duc de la Salle de Rochemaure, qui avait remplacé Vermenouze au Consistoire félibréen, était mort ; mais il restait toujours Mgr Géraud pour servir de « trait-d'union entre la première et la seconde *Escolos Oubernhatos* [1] ». Ce fut sous sa présidence que se réunit le comité d'organisation, le 15 février 1920. Mgr Géraud, E. Lintilhac, L. Farges, C. Gandilhon Gens-d'Armes, et A. Meyniel, tous membres de l'ancienne École, et L. Dauzier, maire d'Aurillac, furent nommés capiscols d'honneur. Étienne Marcenac fut nommé capiscol, L. Delhostal, sous-capiscol et Alfred Prody [2], secrétaire. H. Delteil, qui avait été trésorier sous Vermenouze, reprit son ancien poste, avec L. Debrons comme trésorier-adjoint. Le comité de lecture de la *Cobreto* se composa de Dommergues, de Delhostal, de Debrons, d'E. Pagès et de J. Courchinoux [3]. La nouvelle École vota un programme dont les projets les plus importants étaient de fixer l'orthographe du dialecte, de rééditer les œuvres de Vermenouze et de fonder un Musée d'Art Auvergnat [4].

A la première assemblée générale, tenue le 11 juillet, E. Pagès fut nommé sous-capiscol, avec Delhostal ; Dommergues, secrétaire-adjoint ; et J. Courchinoux, archiviste. Une commission d'étude de la langue, dont J. Lhermet sera le membre le plus actif, fut formée [5] ainsi qu'une commission, composée de MM. Redon, Delhostal et Debrons, pour recueillir les vieux airs populaires [6]. Les statuts suivirent de près ceux de l'ancienne École : le bureau d'administration est élu pour une durée de deux ans (Art. XII) ; les colonnes de la *Cobreto* sont, en principe, réservées au dialecte ; cependant la *Cobreto* publie les œuvres françaises des poètes et des prosateurs cantaliens (Art. XV) [1]. La *Cobreto* fit son début le premier avril 1920. Elle fut reçue avec enthousiasme, les envois étant si nombreux que la rédaction dut s'excuser de ne pouvoir les publier tous dans le premier numéro, voire dans le second.

Une fois la nouvelle *Cobreto* lancée, l'École Auvergnate dirigea

1. *Cobreto*, juillet 1921, p. 5.
2. Nom de plume d'Arsène Pibret (*Cobreto*, sept. 1922).
3. *Cobreto*, avril 1920, p. 1.
4. — juin 1920, p. 8.
5. — juillet 1920, p. 8.
6. — août 1920, p. 2.

ses énergies vers l'exécution du programme qu'elle s'était proposé. En attendant qu'elle pût donner une seconde édition des œuvres de Vermenouze, elle fit paraître dans la *Cobreto* des pièces de *Flour de Brousso*, épuisée depuis longtemps ; et enfin, en 1925, parut sous le titre des *Plus belles Poésies d'Arsène Vermenouze*, toute *Flour de Brousso* avec des fragments de *Jous la Cluchado*. La *Cobreto* imprima également, sous les rubriques *Nostres Mestres* et *Nos Devanciers*, des contes d'Auguste Bancharel et des vers de Brayat, de Veyre, et de l'abbé Courchinoux, dont les œuvres sont aujourd'hui presque impossibles à trouver. Enfin, à la mort de Mgr Géraud, le numéro de la *Cobreto* qui lui fut consacré [1], donna quelques-unes de ses plus belles pièces, qui n'avaient jamais été réunies.

La commission des « Vieux airs auvergnats » avait peut-être, de tous les projets au programme de l'École Auvergnate, celui qui était le plus facile à exécuter. Delhostal se chargea de recueillir des paroles de bourrées, et fit paraître les fruits de ses recherches dans la *Cobreto* [2]. L. Debrons, lui-même violoniste, recueillit et arrangea de vieux airs, entr'autres les deux bourrées célèbres, la *Morianno* et la *Bourrée d'Auvergne*, qui parurent dans un supplément à la *Cobreto* en avril 1921. L'année suivante, il donna un recueil de vers et de chansons, *Ol Contou* [3], et enfin, en 1924, il collabora, avec MM. Durand-Picoral et Léon Froment, à un recueil de chansons et de contes patois, le *Mariage de Peyroutoun et Morgorido*.

La commission de l'étude de la langue trouva sa tâche plus difficile ; plusieurs études philologiques furent commencées, mais elles n'ont pas encore été données au public [4]. Quant au projet d'un Musée d'Art Auvergnat, il reste toujours à l'état de projet. Mais d'autre part, l'École Auvergnate reprit et termina deux entreprises, dont l'une datait du temps de la première École [5], et l'autre, du lendemain de la mort de Vermenouze. Le 7 mai 1922, un monument

---

1. Numéro de décembre 1922.

2. Oct. 1921, et mai, juin, juillet, août 1922.

3. Aurillac.

4. M. Lhermet, qui a fait beaucoup de recherches sur le dialecte d'Aurillac, fera sans doute paraître une étude sur ce dialecte. M. l'abbé Mathieu prépare actuellement une lexicologie du dialecte d'Aurillac.

5. *Jacques Bonhomme* (M. Delhostal) réclama un monument à Veyre dans le numéro du 7 fév. 1899 de la *Cobreto*, et encore dans celui du 7 juin de la même année

à Veyre fut inauguré à Saint-Simon. Ensuite, les membres de l'École Auvergnate se donnèrent tout entiers au projet d'élever un monument au grand poète de l'Auvergne. Le duc de la Salle de Rochemaure avait fait, le 13 novembre 1910, une conférence au profit d'un tel monument ; puis la guerre intervint, et ce ne fut qu'en 1924 que le projet, depuis si longtemps chéri, se réalisa. Œuvre d'un sculpteur clermontois, le buste de Vermenouze fut dressé dans le square d'Aurillac et inauguré le 15 août 1924. Ce fut l'occasion d'une brillante félibrée, que la *Cobreto* rapporta dans un numéro spécial [1]. Le 14 septembre suivant eut lieu à Vielles-d'Ytrac, où s'étaient écoulées les premières et les dernières années du poète, un service commémoratif. Ainsi l'École Auvergnate, avec l'Auvergne tout entière, rendit hommage au Maître qui avait été le plus grand de ses écoliers.

L'année 1921 vit une nouvelle étape dans l'histoire de l'École Auvergnate. Quand celle-ci fut fondée en 1894, elle se mit sous la jurisdiction de la Maintenance de Languedoc, se trouvant plus près de Toulouse que de la Provence. Pourtant son dialecte différait beaucoup des dialectes languedociens, et puisqu'une Maintenance doit, en principe, correspondre à un grand dialecte d'oc, l'École Auvergnate rentrait mal dans son cadre. Depuis quelque temps déjà, Gandilhon Gens-d'Armes et A. Meyniel travaillaient à l'organisation d'une nouvelle Maintenance [2], et enfin la fondation de l'École de Limagne [3] permit à l'Auvergne de former une Maintenance à elle seule.

Ce fut au cours des premiers Jeux Floraux organisés à Clermont-Ferrand, le 13 juillet 1921, par l'École de Limagne, que fut créée la Maintenance félibréenne d'Auvergne. La séance fut présidée par le capoulié même du Félibrige, le docteur Fallen. C. Gandilhon Gens-d'Armes y représenta l'École Auvergnate ; il expliqua le but de la nouvelle Maintenance et les avantages qu'auraient les deux Écoles à se fréquenter, à se lire, et à travailler ensemble pour le bien de l'Auvergne, sans distinction du Haut et du Bas-Pays. Puis on passa à l'élection du bureau d'administration : B. Vidal, capiscol de l'École de Limagne, fut nommé syndic ; A. Meyniel et H. Dommergues, de

---

1. Sept-oct., 1924.

2. *L'Auvergnat de Paris*, 15 mars 1924 : Gandilhon Gens-d'Armes, *Lettre ouverte à « Lo Cobreto » aurillacoise*.

3. École de la Basse-Auvergne, fondée au mois de juillet 1920.

l'École Auvergnate, vice-syndics; et Grenier, de l'École de Limagne,
secrétaire [1]. De cette façon, l'École Auvergnate sortit de la Maintenance languedocienne, où elle s'était toujours sentie plus ou moins
isolée, et prit la place qui lui revenait de droit dans celle d'Auvergne.
Elle se trouva, en conséquence, encore plus fermement établie qu'au
temps de Vermenouze.

L'École Auvergnate jouit, à l'heure actuelle, d'une prospérité
toujours croissante, malgré les dissidences causées par la question
d'orthographe. Le chef d'école et le poète que fut Vermenouze lui
manquent; mais elle n'a plus besoin de lutter pour son existence,
comme pendant ses toutes premières années, et quant au talent poétique, elle ne saurait le créer, elle ne peut que l'attendre. Elle a
déjà trouvé, en Vermenouze, un félibre qui l'a rendue digne de par-
ticiper, côte à côte avec la Provence, à la Renaissance méridionale ;
il se peut encore qu'elle révèle un autre poète qui fera briller d'un
nouvel éclat le Félibrige en Auvergne.

1. *Cobreto*, sept. 1921.

CHAPITRE III

LA QUESTION D'ORTHOGRAPHE

La question d'orthographe a toujours été un des plus grands pro-
blèmes du Félibrige. Les premiers félibres ont employé la graphie
phonétique par laquelle débute toute langue écrite. Mais à
mesure que le Félibrige grandissait, certains esprits idéalistes rêvaient
une seule langue commune à tout le Midi, descendant de la langue
troubadouresque et sœur légitime du français, la *Langue d'Oc*. Or,
il leur semblait qu'une même orthographe était le premier pas vers la
fusion des dialectes d'oc en une langue commune ; et puisque la
graphie étymologique fait ressortir les ressemblances des dialectes,
tandis que la graphie phonétique en relève les différences, ils ont
réagi contre le système d'orthographe phonétique des débuts.

Les patoisants antérieurs aux félibres, ayant l'habitude de parler,
et non d'écrire leur langue, employaient tout naturellement un système phonétique. Puisque la seule langue qu'ils sussent écrire était
le français, ils prenaient l'orthographe française comme base de leur
système ; mais le patois a des sons qui n'existent pas en français, et
le français a, dans bien des cas, plus d'une façon d'écrire le même
son. Il en résulta que chaque patoisant avait son système à lui.
D'ailleurs les patoisants étaient souvent influencés par la graphie étymologique du français, de sorte qu'ils écrivaient *tems*, par exemple,
là où ils disaient *tè*. Leur système n'était donc pas même tout à fait
phonétique.

Tant qu'il n'y eut que des patoisants isolés, écrivant chacun de
son côté, sans se soucier des autres, il n'y eut pas de difficultés.
Mais quand Roumanille voulut faire un recueil des poètes patois
vivants, il se vit dans la nécessité de mettre dans l'orthographe un
peu d'unité. « Quelle idée, dit-il avec beaucoup de justesse, se for-
merait-on d'une langue ou d'un livre où les mots *bourreu* et *mau*, . . .

que l'on prononce de la même façon partout où l'on ne dit pas *bourrel* et *mal*, seraient écrits, *bourreou*, *bourreo*, *bourreu*, *bourreü*, *maou*, *mao*, *mau*, *maü*, *maü*?[1] ». Pourtant la graphie des deux recueils de Roumanille, *Li Prouvençalo* et *Li Noué de Saboly*, provoqua des critiques assez vives[2]. Roumanille y répliqua dans une dissertation sur l'orthographe provençale, mise en tête de la *Part dou Bon Dieu*, et tout en se justifiant, il y posa les principes orthographiques qui formeraient la base du système des premiers félibres.

Voici en bref les règles principales de ce système : les dialectes de la langue romano-provençale[3] s'écrivent comme ils se prononcent[4]. Pour arriver à une graphie phonétique, l'on doit :

« Approprier l'orthographe provençale moderne aux modifications que le temps a fait subir à notre langue ; car les changements arrivés dans la prononciation obligent toujours d'en faire dans l'orthographe ;

« Simplifier cette orthographe par la restauration de certaines formes usitées chez les vieux troubadours, et par la suppression de bien des lettres parasites[5] ». Ces deux principes sont amplifiés ailleurs : « toutes les fois que l'ancienne orthographe (celle des troubadours ou des patoisants antérieurs à 1853) ne contrarie pas la prononciation actuelle, nous avons pour elle un respect filial[6]. Lorsque l'étymologie du mot se conciliera avec l'intonation moderne, nous adopterons scrupuleusement la forme étymologique. Ainsi l'on écrivait généralement *ousseou*, ou *aousseou* oiseau ; nous écrirons *auceu*, pour nous conformer à l'étymologie *aucellus* »[7]. Enfin l'on doit compléter cette orthographe « par un système particulier d'accentuation »[8].

Cette dissertation sur l'orthographe provençale fut comme le premier engagement sérieux d'une guerre qui dure encore aujourd'hui. Le système de Roumanille trouva tout de suite des ennemis, et le

---

1. *La part dou Bon Dieu*, Avignon, 1853 ; dissertation sur l'orthographe, p. XIV.

2. Parues dans la *Gazette du Midi* du 25 janvier et du 13 mai 1853 (*La part dou Bon Dieu*, p. V).

3. Ce que j'appelle *langue d'oc*.

4. *La part dou Bon Dieu*, p. XXVI.

5.   id.   p. LXV.

6.   id.   p. XXXI.

7.   id.   p. XXXII.

8.   id.   p. LXVI.

second *Congrès des Troubaires* fut organisé en 1853 à Aix pour le discuter. J.-B. Gaut, organisateur et secrétaire du Congrès, constate dans la préface du *Roumavagi des Troubaires* [1] que les « poètes provençaux sont divisés aujourd'hui en deux écoles orthographiques principales : l'école étymologique et l'école naturelle » [2], c'est-à-dire celle de Roumanille.

Les Sept de Font-Ségugne se rendaient bien compte des difficultés qu'ils éprouveraient, non seulement à transcrire la belle langue qu'ils chantaient, mais encore à la faire accepter telle qu'ils l'auraient écrite [3]. Ils donnèrent donc dans la préface du premier numéro de l'*Armana Provençau*, leur manifeste orthographique : « Nous n'avons appelé dans la rédaction de notre almanach que ceux qui ont juré, main levée, d'écrire avec notre orthographe, qui est la bonne » [4]. La « bonne orthographe », c'est celle de Roumanille.

Mais il ne suffisait pas d'imposer aux collaborateurs de l'*Armana Provençau* le système de Font-Ségugne ; il s'agissait de le faire accepter partout où l'on écrivait un dialecte d'oc. Pour cela, il aurait fallu une œuvre de génie, telle la *Divine Comédie*, qui s'imposât tellement par sa force et sa beauté qu'elle fît accepter en même temps sa langue et son orthographe. Quant *Mireille* parut en 1859, on espérait que Mistral aurait fait œuvre du Dante ; et, en effet, *Mireille* fixa plus ou moins l'orthographe du dialecte provençal.

Pourtant *Mireille* même ne suivait pas exactement les principes posés dans la *Part dou Bon Dieu*. Les « lettres parasites » que Roumanille voulait supprimer, c'était l'*r* des infinitifs, l'*s* des pluriels, et le *t* des participes. Or, dans *Mireille*, on supprime bien l'*r* des infinitifs et l'*s* des pluriels, mais on se crut obligé de garder le *t* des par-

---

1. Rapport du Congrès, publié par J.-B. Gaut, Aix, Paris, Marseille, 1854.

2. P. IV.

3. On leur adressait des critiques dans ce genre : « L'organe respiratoire des plantes se dit en latin *folium*, en italien *foglio*, en dialecte niçois *li fuegiia*, en français *feuille*, en provençal *lei fuelho*, en languedocien *fiolha*, en gascon *lei felhos*, en espagnol *hoja* qui est l'équivalent national de *folha*, et enfin *folha* en portugais. Hé bien ! au beau milieu de cette ligne géographique et étymologique, ces messieurs (de la pléiade avignonnaise) ont le courage d'écrire *fueio*... Encore un *a* de bonne volonté et toutes les voyelles se seraient trouvées accouplées dans ce mot de composition curieuse » (E. Négrin, *Lei Ponezio Prouvensalo*, 3e édit., Cannes, 1887, p. 241, note à la page 136).

4. G. Jourdanne, *Histoire du Félibrige*, p. 24 (traduit de l'*Armana provençau*, numéro de janvier 1855).

ticipes présents pour distinguer ceux-ci de certaines autres formes du verbe [1]. Dans la *Miougrano-Entreduberto*, bien qu'elle fût publiée chez Roumanille [2] et vers les débuts du Félibrige, nous trouvons que l'étymologie a déjà apporté à la graphie des modifications : ainsi, *tem*, rime avec *countent*, *blanc*, avec *tremoulant*.

Donc, si *Mireille* n'a pu fixer exactement l'orthographe du provençal, même pour une œuvre écrite le lendemain de son apparition, on ne devrait pas s'étonner de ce qu'elle n'eût fixé l'orthographe de tous les dialectes méridionaux. Car l'*r* des infinitifs, l'*s* des pluriels se prononcent dans quelques régions du Midi, et pour bien écrire comme on prononce, les habitants des Basses-Alpes, par exemple, seraient forcés de mettre des *r* et des *s* où les Arlésiens n'en mettent pas. Et puisque l'essence même du Félibrige, au moins dans ses débuts, c'était l'exaltation du petit pays, comment donc un Gascon ferait-il plier sa langue devant celle d'un Provençal, fût-elle de Mistral même ? D'ailleurs, si grâce aux Sept de Font-Ségugne, le provençal était dans les premiers temps comme la langue officielle du Félibrige, le languedocien a pris rang égal avec la langue de Mistral, et exerce aujourd'hui une influence plus grande, peut-être, que celle-ci.

Cependant, de la petite compagnie amicale et joyeuse qui se réunissait chez Giéra pour chanter, le Félibrige devint une organisation réglée, avec ses statuts, ses majoraux et ses mainteneurs. Les divergences en matière orthographique s'accordaient mal avec son unité de but et d'idéal. Les grands esprits voyaient que la langue d'oc ne pourrait espérer concourir avec le français qu'à condition d'être une langue comme celui-ci, et plusieurs d'entr'eux croyaient que le premier pas vers l'unité de la langue, c'était l'unité de l'orthographe. Il se forma donc une école, dite occitane [3] qui avait pour but d'accentuer « par une orthographe étymologique et rationnelle, l'étroite parenté des dialectes d'oc [4] ».

Quand Vermenouze vint à fonder l'École Auvergnate, il avait à résoudre le même problème qui embarrassa les Sept de Font-Ségugne ; il avait à choisir entre deux écoles orthographiques, et il

----

1. Notamment la première personne du pluriel du présent de l'indicatif.
2. Avignon, 1860.
3. Adjectif formé sur le mot *oc*.
4. Citation d'une lettre que m'a adressée à ce sujet M. C. Gandilhon Gens-d'Armes.

était sûr de s'attirer, par son choix, des critiques d'une part ou de l'autre. Veyre et Brayat, comme les patoisants antérieurs au Félibrige, de même que les précurseurs du Félibrige en Auvergne, Auguste Bancharel et l'abbé Courchinoux, se firent des systèmes phonétiques particuliers, systèmes basés sur le français et qui ne différaient pas beaucoup entr'eux [1]. Vermenouze adopta la graphie de ses maîtres, Bancharel et Courchinoux, et la première *Cobreto* suivit tout naturellement le système de ses fondateurs. Elle ne se souciait pas trop, d'ailleurs, de quelques petites divergences orthographiques, surtout que celles-ci correspondaient souvent à des différences dialectales.

Dans *Flour de Brousso*, première œuvre parue sous les auspices de l'École Auvergnate, Vermenouze garda encore la graphie de la *Cobreto* avec cette modification qu'il employa d'une façon systématique *s*, signe du pluriel. Pour parer d'avance aux critiques qu'il pourrait s'attirer de l'école orthographique d'Avignon, et pour s'excuser peut-être auprès de Mistral, qui l'avait toujours encouragé, il préfaça son œuvre de cette note :

« On observera, dans le texte de *Flour de Brousso*, quelques variantes orthographiques. En voici la raison :

« Les premiers félibres auvergnats, séduits par ce qu'avait de brillant la renaissance méridionale, se rallièrent à la façon de transcrire la langue d'oc, adoptée par les Mistral, les Roumanille, maîtres incontestés, et coryphées mis hors de pair par le chœur tout entier des poètes dialectaux. L'auteur de *Flour de Brousso* fit comme tout le monde.

« Il lui sembla plus tard — et avec raison — que le parler arverne cousinait plus encore avec le languedocien de Montpellier qu'avec le provençal d'Avignon, qu'il devait, à ce titre, emprunter au languedocien le signe du pluriel. De là un second système orthographique.

« Quant aux variantes phonétiques, dont on pourrait trouver trace dans ce volume, elles s'expliquent par le grand nombre des idiomes cantaliens, idiomes auxquels le poète, qu'il le veuille ou

---

1. Il est curieux de noter que Brayat a suivi le même courant qui devait, plus tard, entraîner l'abbé Four, Vermenouze et Delhostal. Dans son premier recueil, le *b* provenant du *v* latin s'écrit tantôt *b*, tantôt *v*, dans le second le *v* étymologique l'a emporté.

non, ne peut manquer de faire çà et là quelques manifestes
emprunts »[1].

Flour de Brousso valut à son auteur le majoralat du Félibrige.
Vermenouze était lu, en conséquence, à Arles et à Toulouse aussi
bien qu'à Aurillac, et Arles et Toulouse ne lisaient pas trop facilement le dialecte d'Aurillac graphié selon le système phonétique de
la *Cobreto*. Comme c'était à prévoir, la gloire ne vint pas sans ame-
ner dans son train la critique.

Il serait bon, avant d'aller plus loin, de considérer les phénomènes
phonétiques, qui sont plus ou moins particuliers au dialecte d'Aurillac, qui rendent sa lecture quelque peu difficile pour ceux qui ne
le connaissent pas, et qui sont la cause principale des critiques et des
reproches adressés à la *Cobreto*. Ce sont l'*uo*, qu'on écrit *ouo*, provenant de l'*o* ouvert qui ne s'est pas diphthongué dans l'ancienne
langue, et l'*o* provenant de l'*a* atone, ou tonique devant une nasale[2].
L'abbé Four évite d'écrire *ouo* en mettant sur l'*o* un accent circon-
flexe : il écrit *pôrto*, *môrt*, au lieu de *pouorto*, *mouort*, comme le faisait Vermenouze dans *Flour de Brousso*. Mais c'est l'*o*, provenant d'*a*
latin dans les conditions que nous venons de signaler, qui présente
les plus grandes difficultés. Le vers de Mistral :

> « Quand li figo se tan maduro »,

deviendrait en dialecte d'Aurillac :

> « Quond loi figos se fou moduros ».

En lisant ce vers, on ne s'étonne pas que les Provençaux
s'écrient : « Que d'*o* ! ».

Ce fut surtout l'*o* que reprochait à Vermenouze Roger Grand, qui
profita d'un article sur les *Plus anciens textes romans de la Haute
Auvergne*[3] pour prier le capiscol de l'École Auvergnate d'écrire *a* au
lieu d'*o*. Vermenouze lui répondit en écrivant dans le numéro de
novembre 1900, la *Cabreto*. Les abonnés locaux de la *Cobreto*, auraient-
ils accepté cette réforme ? Nous ne le savons pas, car le journal
ne parut plus après le mois de décembre de la même année.

---

1. *Flour de Brousso*, note qui suit la préface.

2. Voir le chapitre sur la phonétique. On a également reproché à la *Cobreto*
d'écrire *b* au lieu du *v* étymologique ; mais ce *b* est loin d'être particulier au dialecte d'Aurillac.

3. *Revue de la Haute-Auvergne*, 1900, p. 198, note (1).

A première vue, l'attitude de Vermenouze envers la réforme ne semble pas douteuse, puisque *Jous la Cluchado* parut en 1906 avec la graphie étymologique de l'abbé Four. Les *ouo*, les *o* n'y choquaient plus le lecteur provençal ; on les remplaça par des *ó* et des *a* [1]. Seulement, dit l'abbé Four, « pour faciliter aux philologues l'étude de notre dialecte, et donner satisfaction à ceux de nos compatriotes qui sont habitués à lire leur langue à la française, nous réserverons au bas des pages de ce volume, une place à un texte purement phonétique » [2].

Sans doute Vermenouze devait comprendre parfaitement les avantages de la graphie étymologique. Mais je crois bien qu'il a continué, jusqu'à la fin, d'écrire comme il avait commencé ; que le texte phonétique, relégué au bas de la page est celui du vrai Vermenouze, et que l'abbé Four a dû traduire *Jous la Cluchado*, non seulement en français, mais encore en « dialecte étymologique ». Cela est vrai au moins pour ce qui concerne le *Vielh de la Vielho*, dont l'abbé Four « a cru devoir éliminer du texte littéraire et orthographié » certaines formes que garde le texte phonétique [3].

D'ailleurs si Vermenouze comprenait les avantages qu'offrait la graphie étymologique, il en voyait aussi bien les inconvénients. Un de ses amis, M. Garnier, rapporta de lui, à l'occasion de l'inauguration du monument Vermenouze, ces propos, suite d'une conversation dans laquelle Vermenouze avait exprimé son hésitation à adopter la graphie de *Jous la Cluchado* : « Je me demande si mes contemporains auvergnats voudront de bon cœur accepter cette transformation. C'est là un de mes grands soucis [4]. »

En effet, la plupart des membres de l'École Auvergnate ne se firent jamais à la graphie savante de *Jous la Cluchado* [5]. Quand la publication de la *Cobreto* fut reprise en 1920, ils demandaient toujours qu'on écrivît leur langue telle qu'on la prononçait, et la nouvelle *Cobreto* reprit la graphie de l'ancienne. Les partisans de la graphie étymolo-

---

1. On remplaça également le *b* provenant du *v* latin par un *v* étymologique, comme le font les Occitaniens.

2. *Jous la Cluchado*, p. 22, N. B.

3. *Jous la Cluchado*, p. 22. Presque la moitié des pièces de *Jous la Cluchado* parut dans la première *Cobreto*, avec orthographe phonétique.

4. *Cobreto*, sept.-oct. 1924, p. 28.

5. *Flour de Brousso* était épuisée depuis longtemps quand la seconde édition parut en 1925, tandis qu'il restait toujours des exemplaires de *Jous la Cluchado*.

gique, qui s'étaient félicités d'avoir converti Vermenouze, trouvaient donc tout leur travail à recommencer dès que la seconde *Cobreto* parut. Il s'ensuivit une discussion qui prenait parfois des airs assez vifs entre les rédacteurs de la *Cobreto* d'un côté, et des partisans de l'école occitane de l'autre. Le premier numéro de la *Cobreto* parut en avril 1920, et presque immédiatement les rédacteurs se trouvaient aux prises avec les censeurs. Dans le numéro du premier juin, se lit cette note, adressée *Aux Critiques* : « Nous admettons toutes les appréciations sincères et désintéressées ; nous ne répondrons en ces colonnes à aucune des attaques tendancieuses ou excessives qui ont paru ou pourraient paraître. » Un second avis, adressé *A nos Censeurs*, dans le numéro de janvier 1922, répète les mêmes sentiments.

Cependant, Delhostal fit paraître *Rescouolo* [1], recueil de vers qui fut couronné par l'Académie des Jeux Floraux de Toulouse. Graphiée selon le système de la *Cobreto*, *Rescouolo* attira des critiques, non seulement des occitaniens de l'École Auvergnate, comme Gandilhon Gens d'Armes, mais encore de tout le Midi, — critiques qui finirent par faire adopter à Delhostal un système d'orthographe plus étymologique. Son second recueil, *Los Piados* [2], parut en 1923. Sa graphie, déjà plus en accord avec celle de l'école occitane, est encore loin du système de l'abbé Four ; elle garde toujours les *ouo* et les *o*, mais elle remplace le *b*, provenant du *v* latin, par un *v* étymologique, et elle rend aux infinitifs l'*r* de la terminaison. Ce n'est là que le premier pas vers la graphie étymologique ; mais quand il publiera son troisième livre, qui est actuellement en préparation, Delhostal ira, sans doute, encore plus loin et restituera les *a* étymologiques [3].

Pendant que *Los Piados* était en préparation, Delhostal en envoya des pièces à la *Cobreto*, en exigeant toutefois qu'on ne changeât rien à sa nouvelle graphie. La *Cobreto* ne pouvait guère céder à ses demandes, pour des raisons que nous avons déjà vues ; mais elle se tira d'affaire en faisant paraître la même pièce graphiée de deux façons. Dans le numéro de novembre 1922, et encore dans celui de décembre suivant, des sonnets de Delhostal se trouvent écrits deux fois, selon la graphie de la *Cobreto* et selon celle de *Los Piados*.

1. Aurillac, 1921.

2. Aurillac.

3. Dans une pièce inédite que M. Delhostal a bien voulu m'envoyer et qui doit paraître dans son nouveau livre, les *a* étymologiques paraissent partout, sauf atones en finale.

Pourtant la question devenait de plus en plus aiguë. Au début de l'année 1924, Gandilhon Gens-d'Armes fit paraître dans l'*Auvergnat de Paris* un article sur Vermenouze et l'orthographe de la langue d'oc, dans lequel il se disait partisan de la graphie étymologique et reprochait à la *Cobreto* de ne pas avoir continué la réforme inaugurée par le premier capiscol [1]. Les rédacteurs de la *Cobreto*, à qui cet article arrivait pour combler une longue série de critiques, ne ménagèrent pas leur réponse [2], et le mois suivant, ils donnèrent la décision qu'ils avaient prise à l'égard de la question d'orthographe : « *Lo Cobreto* paraîtra, jusqu'à plus ample informé, avec la seule graphie phonétique qui plaît à ses lecteurs. » Ce manifeste amena la rupture définitive avec Delhostal et l'école occitane ; mais malgré les reproches et les attaques que la *Cobreto* dut subir, elle ne céda pas. Elle fut d'ailleurs soutenue dans la voie qu'elle avait choisie par M. Laparra, qui établit des prix, aux Jeux Floraux de l'École Auvergnate, pour des pièces écrites selon la graphie phonétique. Elle fut soutenue également par ses abonnés, qui sont aujourd'hui en nombre de cinq cents, et qui veulent toujours qu'on écrive leur langue comme on la prononce.

La *Cobreto* a donc su résoudre la question d'orthographe, et toute revue locale qui dépend de ses abonnés locaux pour vivre, ainsi que tout écrivain qui dépend de la souscription locale pour faire paraître son livre, la résoudra de la même façon, en adoptant la graphie phonétique, intelligible à ceux qui sont habitués à parler, et non à écrire leur dialecte. D'autre part, l'écrivain qui vise un public plus étendu sera tenté d'employer la graphie étymologique, afin de se faire comprendre par le plus de gens possible ; et ceux qui, sans croire peut-être à *la langue d'oc*, voudraient quand même rapprocher les dialectes et les unifier autant que possible dans les limites raisonnables, adopteront également la graphie étymologique.

Ce sont là des points de vue félibréens. Pour celui qui n'est ni félibre ni méridional, la question se présente sous un autre jour. Si c'est à la littérature de la renaissance méridionale qu'il s'intéresse, il lira les œuvres des félibres, quel que soit leur système orthographique. Toute œuvre d'une réelle beauté s'impose par sa beauté même : on apprend volontiers le provençal pour lire *Mireille* ; on apprendra le dialecte d'Aurillac pour lire *Flour de Brousso*. Mais l'harmonie, les

<hr>

1. 19 janvier.
2. *Cobreto*, février 1924, p. 2.

intonations particulières de la langue, font partie intégrale de cette beauté, et comment saisir cette harmonie, ces intonations, si elles sont rendues par des symboles qui ont, dans la plupart des parlers européens, une valeur toute autre que celle qu'on leur donne ici ? Comment, par exemple, sans faire un effort conscient et constant, qui enlève du plaisir à la lecture, — comment lire un *biel de lo bielo* quand on voit écrit un *vielh de la vielho* ? Et pourtant Magne est bien un *biel*, et ce serait le méconnaître que de l'appeler *vielh*. La graphie étymologique facilitera à l'étranger la lecture des œuvres félibréennes, mais elle l'empêchera de les apprécier à leur juste valeur, puis qu'un Aubanel, une Philadelphe de Gerde, et un Vermenouze auront l'air d'être tous de la même province.

Quant à celui dont l'intérêt se porte, avant tout, sur le développement de la langue et sur ses manifestations phonétiques, — qu'il soit méridional, français du Nord, ou étranger, — il ne pourrait guère souhaiter une graphie qui ne soit aussi strictement phonétique que possible. Comme toute science, la phonologie a ses faits et ses lois : la graphie étymologique risque de les obscurcir, voire même de les faire perdre de vue. De plus, la langue parlée est en évolution constante, et tel son qui existe aujourd'hui sera peut-être bien modifié dans vingt ans d'ici. Or, la graphie phonétique notera cette évolution, tandis que la graphie étymologique n'en donnera pas seulement l'indication. D'ailleurs, on sera toujours obligé de graphier phonétiquement les mots dont l'étymon n'est pas connu, et l'on trouvera plus prudent d'écrire selon la graphie phonétique les mots d'origine douteuse. Du point de vue scientifique, c'est donc la graphie phonétique qui s'impose, et qui s'imposerait quand même le dialecte aurait, comme le français, toute une tradition graphique avec laquelle il serait forcé de rompre.

« Épurons, n'unifions pas », dit M. de Gélis, en terminant son livre sur la *Vraie Langue d'Oc* [1]. Si l'on croit que les dialectes d'oc vont persister comme dialectes vivants, les occitaniens ont peut-être raison de vouloir les ramener à une langue d'oc idéale. Mais si, au contraire, la renaissance méridionale n'est que la dernière lueur d'une flamme qui va s'éteindre, si, tout en luttant vaillamment pour la vie, les dialectes d'oc se meurent, on pourra, un jour, nous trouver bien coupables de n'avoir su les conserver tels que nous les avons entendus.

---

1. Toulouse, Guitard, 1921.

CHAPITRE IV

ARSÈNE VERMENOUZE : VIE

Arsène Vermenouze appartenait à une de ces familles foncièrement auvergnates d'émigrants qui reviennent mourir dans la maison natale. Son aïeul, ancien émigrant en Espagne rentré dans ses terres, vivait en propriétaire à Vielles-d'Ytrac [1]. C'est à lui que Vermenouze devait, de par son propre aveu, cet amour des montagnes natales qui se sent si âpre dans toute son œuvre. Sa grande passion pour la chasse et la pêche, il la tenait de son père, ce « preneur de truites sans rival » [2]. Mais l'autre grande passion de sa vie, celle de la poésie, et le talent poétique qui devait le distinguer de sa famille, comme de ceux qui l'entouraient, semblent être nés avec lui.

Jean-Arsène Vermenouze naquit le 25 septembre 1850, à Vielles-d'Ytrac, petit village des environs d'Aurillac [3]. Qui ne lui connaît que la tête maigre d'ascète de ses dernières années, se figurera difficilement l'enfant

« .....joufflu comme une pêche
Et blond comme un rayon de soleil estival » [4].

qu'était le petit Vermenouze. Il fut mis de bonne heure chez les Frères d'Aurillac, où il compléta son éducation primaire supérieure. Puis fidèle à la tradition de sa famille et de son pays, il émigra. Son oncle, Hippolyte Garric, l'emmena, à l'âge de seize ans, en Espagne [5]. Les difficultés du voyage, les longueurs de la route, le

---

1. Duc de la Salle, *Troubadours cantaliens*, t. I, pp. 63, 65.

2. *Les plus belles poésies d'Arsène Vermenouze*, Aurillac, Impr. Moderne, 1923 : Mes Aïeux, l'Aïeul, le Père.

3. Louis Farges, préface de *Jous la Cluchado*.

4. *Les plus belles poésies*, Le Père, p. 183.

5. Louis Farges, *loc. cit*.

pays espagnol si rude en contraste avec la douce France ; puis la grande ville, Madrid ou Tolède, aux couleurs vives et crues; et enfin le village où devait s'écouler les trois ou quatre ans d'exil volontaire ; tout cela se trouve dans ses vers d'Espagne. On y voit aussi le portrait du petit Auvergnat, parlant mal l'espagnol, en but aux moqueries de ses clients, mais qui amasse sans cesse des gros sous et parfois des pièces d'or [1]. Vermenouze l'a évidemment pris sur le vif, et l'on y verrait facilement une scène tirée de sa propre vie.

A Illescas, petit bourg non loin de Madrid, Vermenouze fit donc ses débuts dans le commerce de drap de son oncle ; et c'est encore Illescas qui le vit s'essayer dans l'art de faire des vers. Le préfacier de *Jous la Cluchado*, Louis Farges, a fait une jolie esquisse du futur poète qui, s'étant inspiré de la *Légende des Siècles*, écrit un poème sur Robert Surcouf et le récite à son cousin lorsque tout le monde dort. Depuis ce temps-là, Vermenouze est allé bien loin de ces premiers vers, qui ont dû être du plus pur style romantique.

L'année 1870 le vit rentrer en France, où il s'engagea dans les hussards. Mais il ne compléta pas son instruction militaire assez tôt pour suivre l'exemple de son frère plus âgé, qui se distingua par sa bravoure. A son grand regret, le jeune Vermenouze ne prit pas part aux hostilités.

Après la guerre, il retourna à Illescas, et fit ensuite un voyage en Algérie, en passant par Gibraltar. Au retour, il s'arrêta à Naples, à Rome, et à Florence. Mais ces voyages n'ont laissé dans ses vers aucune trace, sinon qu'ils l'ont fait aimer davantage son propre pays.

De retour de ses voyages, Vermenouze vint s'établir à Aurillac, où il dirigea avec son cousin Garric une maison de distillerie. La maison se trouvait dans la rue d'Aurinque, tout près du Portail, où Vermenouze était à même d'observer la foire qui fait le sujet de la première pièce de *Jous la Cluchado*. C'est alors que commença cette période d'activité littéraire qui ne devait cesser qu'à sa mort. Il collabora à des journaux locaux, voire parisiens, où paraissaient des articles et des vers en français et en patois [2]. Ceux-ci ne tardèrent pas à attirer l'attention générale et se firent bientôt connaître, non

---

1. *Les plus belles poésies*, A Illescas, p. 149.

2. La *Croix du Cantal*, l'*Avenir du Cantal*, le *Moniteur du Cantal*, la *Veillée d'Auvergne*, le *Mois littéraire* et *pittoresque*, etc..., et plus tard, la *Revue des Poètes* et la *Revue du Mois*.

seulement aux amis du poète et aux abonnés des journaux aurillacois, mais encore aux félibres de marque, tels Perbosc et Mistral lui-
même [1].

Vers cette époque, au mois de mai 1891, Vermenouze lia avec
Ajalbert ces relations qui devaient durer toute sa vie. Ajalbert était
venu à Aurillac, comme il le raconte spirituellement dans la préface
de *Flour de Brousso*, présider à un concours de cabrettes. Il reconnut
tout de suite dans ce poète, qui célébrait en vers patois la cabrette
et la bourrée d'Auvergne [2], un talent plus qu'ordinaire ; et c'est lui
qui se chargea de présenter Vermenouze à Paris [3].

Nous avons déjà vu que la cause félibréenne avait gagné, vers la
fin du xixe siècle, presque tout le Midi, et que si l'Auvergne ne
s'était pas jointe aux autres pays d'oc, c'était qu'il lui manquait un
chef. En 1894, Vermenouze devint capiscol de l'École Auvergnate,
rôle qu'il était appelé à remplir non seulement par son don poétique,
sur lequel il n'y avait pas lieu de se tromper, mais encore par son
caractère vigoureux et autoritaire. Voici le portrait que Vermenouze
fit de lui-même, dans une lettre écrite quelques ans plus tard, et qui
accuse nettement son tempérament batailleur, et la foi qu'il mettait
dans sa muse.

« Tempérament violent, très expansif avec mes amis ; froid et passant pour orgueilleux auprès des indifférents ; aimant instinctivement
la droiture, et haïssant l'injustice d'une haine sauvage... Les heurts
de la vie ne m'ont pas épargné, et j'ai souvent broyé du noir, mais
même dans mes heures les plus sombres, je n'ai jamais vu s'éteindre
l'étoile de la poésie, et il a toujours suffi d'un beau coucher de
soleil, d'une montagne bleue à l'horizon, d'un nuage nageant dans
l'azur, pour ramener le calme et quelquefois la joie dans mon
âme » [4].

Un peu plus loin dans la même lettre, il parle de ce qui lui sera
de plus en plus une source d'inspiration et de consolation, sa foi
religieuse : « A trente ans, je suis redevenu catholique sincère et
convaincu, et j'en suis heureux. » D'ailleurs, il fut, du moins pen-

---

1. *Cobreto*, avril 1921, p. 6.

2. Voir *Flour de Brousso, Os Cobretaires*.

3. *Revue de la Haute-Auvergne*, tome XIII, 1911, Mijoule : Arsène Vermenouze
et sa poésie.

4. *Revue de la Haute-Auvergne*, janvier-sept. 1922, p. 238, 239, Louis Jalenques :
Quelques jolies lettres de Vermenouze.

dant les vingt dernières années de sa vie, beaucoup sous l'influence
de son directeur de conscience [1], qui fit de lui, suivant l'expression
de Vermenouze, un franc-tireur dans les troupes catholiques. Tel
fut l'homme qui devait façonner les destinées de l'École Auvergnate.

Sous la direction du fougueux capiscol, la jeune École s'agrandit
et s'affermit. La *Cobreto* s'enrichissait de contes, de discours faits pour
quelque fête locale, de propos de noces, le tout dans ce patois que
Vermenouze savait si bien manier. Mais les adhérents de l'École
Auvergnate voulaient pour leur capiscol des titres de gloire plus légi-
times que celui de rédacteur d'une revue dialectale, et ses amis
espéraient pour son œuvre un public moins étroit que l'arrondissement d'Aurillac, le grand public méridional et parisien. Vermenouze
consentit donc à réunir pour la publication des vers parus depuis un
an dans la *Cobreto*, avec d'autres qui paraissaient depuis 1885 dans des
journaux locaux. Son premier livre, *Flour de Brousso* [2], parut en 1896.
Déjà connu et admiré par Mistral et Perbosc, il le devint de tout le
Midi; la preuve lui en fut donnée l'année suivante aux Jeux Floraux de Toulouse, où son livre fut couronné [3].

Mais le succès de *Flour de Brousso* ne se borna pas au Midi, où
l'on s'attendait à une réception plutôt favorable. Grâce à Jean Ajalbert, qui avait toujours poussé Vermenouze vers la publication, ce
livre d'intérêt surtout local fut présenté au public parisien [4], et par
lui accueilli bien au delà de toute espérance de l'auteur [5].

Cependant, Vermenouze fut menacé d'une maladie grave qui
faillit le priver de la vue. L'École Auvergnate s'inquiétait vivement
pour son chef, le Midi exprima ses craintes et ses sympathies par la
voix de Gaston Jourdanne, qui avait été rapporteur du Concours
de l'Académie des Jeux Floraux où fut couronnée *Flour de Brousso*.
« Il serait profondément regrettable, dit l'historien du Félibrige, que
l'affection qui menace sa vue l'empêchât de continuer son œuvre si
bien commencée [6] ». Heureusement un docteur d'Aurillac sut le

---

1. L'abbé Courchinoux, et après sa mort en 1904, l'abbé Four.
2. (Fleur de Bruyère) Aurillac, Imprimerie Moderne.
3. G. Jourdanne, *Histoire du Félibrige*, p. 293.
4. Mijoule, *loc. cit.*
5. Voir la critique favorable de Paul Monceau dans la *Revue politique et littéraire*, 24 juillet 1897.
6. G. Jourdanne, *op. cit.*, p. 293.

guérir. Vermenouze put reprendre son travail et il trouva le temps
d'écrire des vers français aussi bien que patois.

En 1900 parut la première œuvre française de Vermenouze, *En
plein vent* [1]. La même année mourut Frédéric Donnadieu, majoral
du Félibrige, et l'auteur de *Flour de Brousso* le remplaça au Consistoire. Vermenouze prit le nom de *Cigalo de la Mountagno Negro*, et
reçut la cigale d'or de Mistral [2].

Vers cette époque, la mauvaise santé força Vermenouze à quitter définitivement Aurillac, et à se retirer dans la maison paternelle de Vielles, où vivait toujours sa mère [3]. Alors dans la mesure
que sa santé lui permettait, il se livrait à sa passion pour la chasse,
et tout en chassant il faisait des vers [4]. C'étaient aussi souvent des
vers français que du patois, car il n'avait plus à pourvoir aux
besoins mensuels de la *Cobreto*.

Frappé d'une maladie qu'il savait incurable, bien qu'elle lui per-
mît de traîner encore quelques années d'existence, Vermenouze se
retournait de plus en plus vers la religion à mesure qu'il se voyait
obligé de renoncer à ses occupations habituelles. Souvent forcé de
poser son fusil et de garder la maison, il passait de longues journées,
assis à droite de la grande cheminée, les pieds dans le feu, une
petite table avec plume et papier à son côté. Là dans le séjour
qu'avaient bâti ses aïeux, le sentiment de la famille, toujours fort
chez lui, s'accroissait jusqu'à devenir comme un culte de piété
filiale. *Mon Auvergne*, recueil de vers français paru en 1904 [5], est le
miroir fidèle des sentiments du poète à cette époque. Ajalbert reprochait à Vermenouze d'avoir mis dans son livre trop de professions de
foi, mais le poète n'y voulut rien changer [6]. Pourtant *Mon Auvergne*,
lancée par la *Revue des Poètes*, eut un succès encore plus grand que
celui d'*En plein vent*, et fut couronnée par l'Académie Française [7].

Le triomphe du poète français n'empêcha pas le poète patois de
continuer son œuvre. En 1906, Vermenouze écrivit une préface en
dialecte d'Auvergne pour les *Récits Carladéziens* du duc de la Salle.

1. Paris, P.-V. Stock.
2. E. Lefèvre, *Frédéric Mistral, bibliographie sommaire*, Marseille, 1903, p. 146.
3. J. Ajalbert, *op. cit.*, pp. 163, 168.
4. A. Vermenouze, *Flour de Brousso*, Oundoun e cossi fo sous bèrs lou Copiscol.
5. Paris, *Revue des Poètes*.
6. J. Ajalbert, *op. cit.*, p. 171. —
7. *Jous la Cluchado*, préface, p. 8.

Il concourait toujours aux Jeux Floraux de Toulouse, où il remporta deux violettes, l'une en 1907 et l'autre en 1909 [1]. Enfin, grâce aux instances de ses amis et à l'aide très réelle de l'abbé Four, il fit paraître un second recueil de vers patois, *Jous la Cluchado* [2].

Cependant Vermenouze touchait à sa fin. Il ne pouvait plus supporter les rudes hivers de l'Auvergne, et il quittait Vielles dans l'espoir, qu'il savait vain d'ailleurs, de retrouver sur la Côte d'Azur un peu de sa santé perdue [3]. Puis rentré chez lui, il reprenait sa place au coin de l'âtre pour attendre, en bon chrétien qu'il était, la mort. Elle ne tarda pas à venir. Le 10 janvier 1910, Jean-Arsène Vermenouze mourut à Vielles-d'Ytrac, dans la maison qui l'avait vu naître [4].

Les amis du poète se firent un devoir de réunir ses poésies françaises inédites, qu'ils publièrent en 1912, sous le nom de *Dernières Veillées* [5]. En 1923, l'Imprimerie Moderne publia un choix de ses meilleurs vers français [6]. Elle vient de compléter ce geste pieux en remettant à la portée de tout le monde le premier, et j'ose dire le mieux aimé des livres du poète, *Flour de Brousso* [7].

1. *Cobreto*, septembre-octobre 1924, p. 8. La seconde violette fut décernée à *Jous la Cluchado*.
2. (Sous le chaume) Aurillac, Imprimerie Moderne.
3. J. Ajalbert, *op. cit.*, p. 250.
4. Mijoule, *loc. cit*.
5. Publiées par Gabriel Audiat.
6. *Les plus belles poésies d'Arsène Vermenouze*, Aurillac, 1923.
7. *Les plus belles poésies d'Arsène Vermenouze, Flour de Brousso et fragments de Jous la Cluchado*, Aurillac, 1925.

CHAPITRE V

ARSÈNE VERMENOUZE : ŒUVRE

Arsène Vermenouze est, avant tout, poète ; sa réputation est fondée sur son œuvre poétique. Mais il ne faut pas oublier qu'avant d'écrire ses vers, il fut obligé de se forger une langue, et que le poète dut se doubler, pour ainsi dire, d'un technicien. La langue existait déjà, riche dans la bouche du paysan, — rude, imagée, pleine de saveur, — mais pauvre sous la plume du patoisant, — adoucie, souvent fade et sans vigueur. Comment transformer la langue parlée en langue écrite sans la dénaturer ? C'est là le problème que trouva Vermenouze au début de sa carrière poétique ; nous allons voir de quelle façon il sut le résoudre. Vermenouze commença par enrichir son vocabulaire, en créant des mots, certes, comme le fait tout rénovateur d'une langue, mais surtout en recueillant de vieux mots, tombés en désuétude, et en restituant aux mots francisés leur vraie forme dialectale. Ensuite, il assouplit sa langue, l'adaptant à une grande variété de forme rythmiques, et il travailla son style afin de le rendre propre aux plus hautes pensées comme au conte le plus amusant.

Si au lieu de prendre *Flour de Brousso* comme livre de première lecture, ainsi que font aujourd'hui, le plus souvent, ceux qui veulent apprendre le dialecte d'Aurillac, on commençait par Brayat et Veyre, si l'on passait ensuite, par ordre chronologique, à Bancharel et à l'abbé Courchinoux, pour arriver enfin à Vermenouze, on serait immédiatement frappé de la richesse du vocabulaire de celui-ci. Les patoisants durent connaître la plupart des mots qui se trouvent dans *Flour de Brousso*, mais l'idée ne leur est pas venue de les faire rentrer dans leurs vers. Or, Vermenouze n'a pas craint d'employer les mots les plus ordinaires de la vie quotidienne. Il décrit le buron du pâtre sur

la montagne, — « lou mosut… quilhat omoun, rougi è pitchiou »[1]
l'intérieur de la maison et la grande cuisine, — *contou, lum, forrats,
oulos, toupis, grejalos*. Il vante la bonne cuisine auvergnate, — *capts
de bedèl, tufos de pouorc, pès de biòu, pountarri*, — tout le fameux
repas que Milou le médecin partageait avec le chien du berger, sans
compter la *Soupo de Caus* et les *Trufos de Causse*. Il chante le vin de
Fel et celui d'Entraygue. Puis, c'est le tour du gibier, — *bondu, plu-
bié, girle, rito, conard, perdigal*, et « lou rèi des bets-longs, lo poulido
becasso » ; et Vermenouze n'oublie pas les autres oiseaux du pays,
ceux qui chantent et ceux qui, comme lui, vont à la chasse, — *mèrle,
gat, coucut, turo-luro, calbo, cobonel, den, franc-pescaire*. Pêcheur presque
autant que chasseur, il connaît *trigon, troutchio, cobouot, barbéu, escor-
bitchiou* ; et dans ses longues randonnées, il a le temps d'observer les
arbres, — *lou bèt*, qui le fait manquer une bécasse, *lou costogné* qui sort
du *rot ferrau, gòrrit, tel, ourme, fau, pibou*, et d'autres qu'il connaît et
qu'il aime. Ce ne sont là que quelques mots sur des centaines que
Vermenouze fit passer de la langue parlée à la langue littéraire, et
dont il fit, avec ceux qu'il avait *défrancisés*, le riche vocabulaire qu'il
légua aux écrivains en dialecte d'Aurillac, ses successeurs. On continue toujours le travail d'épuration commencé par le Maître, on
recueille encore de vieux mots, de vieilles locutions: mais un peu
plus pure, un peu plus riche, la langue de l'École Auvergnate est
aujourd'hui ce que Vermenouze l'a faite.

L'assouplissement de la langue demandait peut-être plus de
volonté et de travail que l'enrichissement du vocabulaire. Le patois
qui ne servait d'habitude qu'aux propos familiers, voire même gros-
siers, était demeuré, malgré les efforts des patoisants les plus raffinés
tels que l'abbé Courchinoux, toujours rétif. Mais Vermenouze par-
vint à le dompter, et il le fit plier aux formes rythmiques les
plus rigoureuses comme les plus simples. Il essaya le sonnet, dont
son œuvre éditée ne donne toutefois qu'un exemple, bien qu'en français cette forme soit parmi celles qu'il préfère ; il fit alterner le vers
de huit syllabes avec celui de trois ou de quatre syllabes ; il em-
prunta à Félix Gras le schème rythmique compliqué du *Rei En Peire*.
Certains poèmes sont écrits entièrement en alexandrins ; d'autres,
plus nombreux, en octosyllabes ; et d'autres encore, en vers de
douze syllabes mélangés, en proportions inégales, à des vers de huit
syllabes.

---

1. Le buron… dressé là-haut, rouge et petit.

Mais cet emploi de formes rythmiques diverses n'est pas chez Vermenouze un simple jeu de métrique ; ce n'est pas non plus un étalage de virtuosité. Le poète choisit des vers de longueurs différentes dans le but d'obtenir des effets très variés. Il sait que l'alexandrin se prête au style élevé, et il le prend pour chanter sa Marianne et la renaissance méridionale. Il sait que l'octosyllabe, plus familier, convient aux choses simples, à la *Bugàdo*, à la *Vinàdo*[1], au *Raibe del Belèt*. Il n'ignore pas tout l'effet que peut produire un changement brusque de rythme.

> « Quond lei menetos me beguèrou,
> Toutoi duos ol couot se signèrou,
> E cessèrou. »[2]

dit *Juon Pel*. Aucun mot, aucune tournure de phrase n'eût mieux exprimé le prompt arrêt des deux menettes que ce vers heurté de trois syllabes[3] : E cessèrou. Mais la forme qu'il préfère, c'est un mélange judicieux de l'alexandrin et de l'octosyllabe, où la prépondérance de l'un ou de l'autre fait changer le ton de la pièce. Là où l'alexandrin domine, le ton s'élève ; si au contraire, la préférence est donnée à l'octosyllabe le ton devient immédiatement plus familier.

1. J'ai gardé intacte l'orthographe de *Jous la Cluchado*, que l'on distinguera facilement de celle de *Flour de Brousso* par les *v*, les *a* non accentués, etc.

2. Quand les menettes me virent, — toutes deux, du coup elles se signèrent, — et s'arrétèrent.

3. La syllabe finale, non accentuée, ne compte pas. *Ou, i, e, o,* en finale non accentuée, font des rimes féminines : ainsi *beguèrou, signèrou ; satchi, bilatchi ; bese, pese ; bourso, courso,* sont des rimes féminines ; tandis que *combretou, Pimou ; pe, fe ; oguo, quio,* — où l'accent tombe sur la dernière syllabe, — sont des rimes masculines. Dans le quatrain suivant, le premier et le dernier vers ont la rime masculine, le second et le troisième ont la rime féminine :

> « Oqu'èro un pion de fau, quasi-entiè, largi è gros.
> Dins un terme ogrobat dimpiéi longos oumados,
> N'obio pas cougut mins de quatre borinados
> Per l'oronqua de tèrro è n'en faire dous tros. »

Les diphthongues et les triphthongues comptent pour une syllabe. L'élision se fait entre deux mots dont le premier se termine et le dernier commence par une voyelle ; pourtant, dans les diphthongues et les triphthongues où *i, u,* se trouvent en combinaison avec d'autres voyelles, ceux-là, étant des demi-consonnes, ne sont pas élidés :

> « E ièu olai, è ièu olai ! »

est un vers de huit syllabes.

Par exemple, le début du poème *Ois Escouliès*, en vers de douze syllabes, est grave, presque solennel :

« Lou grond Josmin, ol front de so lengo meiralo,
Plontèt l'estièlo d'or. N'autres foren pas min. »[1]

Plus loin, le poète quitte l'alexandrin trop pesant et prend l'octosyllabe rapide et plus léger pour nous entonner la *Chanson du Fel* :

« Nostro Oubèrgno o de giontoi filhos
Mès enquèro o tiquon de mièl. »[2]

Dans les *Rots*, qui est presque tout en vers de douze syllabes, un quatrain où deux alexandrins alternent avec deux octosyllabes fait comme une parenthèse :

« Eici, tout bregoungious, uno mo sus lo facio,
Me cau dire : Sus houostro gracio,
E m'escusa, dins moun omour pel lo bertat
D'usa de trop de libertat. »[3]

Enfin, l'alternance irrégulière et fréquente de ces deux vers inégaux produit un ton familier, un ton de causerie, tout en donnant une souplesse de rythme qui manque à l'octosyllabe employé seul. C'est un style qui convient admirablement au conte, comme le prouvent *Lou Sobat*, *Lei Duoi Menetos*, *Sent Jiosèt*, *Lo Pisto*, *Grato-Cat*, et qui vient souvent, jusque dans les pièces les plus sérieuses, chasser la monotonie imminente ou jeter une note de gaieté dans des propos trop graves. Une telle maîtrise de la technique du vers eût fait de Vermenouze un excellent rimeur ; son génie fit de lui un poète.

Rappelons-nous ici que ce vers docile et maniable entre les mains de Vermenouze est écrit en dialecte, que c'est là cette langue du paysan, propre seulement aux propos familiers, rebelle à tout effort pour la faire sortir du coin où le temps et les circonstances l'ont réléguée. Mais le miracle est accompli ; la langue parlée a été transformée en langue écrite, et loin de perdre de sa fraîcheur, elle a gagné en finesse

---

1. Le grand Jasmin, au front de sa langue maternelle, — mit l'étoile d'or. Nous n'en ferons pas moins.

2. Notre Auvergne a de jolies filles — mais elle a encore quelque chose de mieux.

3. Ici, tout honteux, me cachant la figure de ma main, — il me faut dire : Sauf votre respect, — et m'excuser, dans mon amour pour la vérité, — d'user de trop de liberté.

et en sensibilité, car l'imagination du poète est venue se greffer sur le bon sens du paysan. Le travail du technicien est fait ; c'est au poète maintenant de suivre librement son inspiration, sûr qu'il est de trouver le mot juste et le rythme qui convienne.

L'œuvre poétique de Vermenouze présente un intérêt tout particulier en ce qu'elle comprend deux genres : l'œuvre dialectale et l'œuvre française. La distinction entre les deux va plus loin que celle de la seule langue ; on pourrait presque dire que le poète a trouvé pour ses vers de la matière dialectale et de la matière française. Tout ce qui est auvergnat et félibréen s'exprime tout naturellement en dialecte d'Auvergne, tandis que le français sert à dépeindre ce qui est étranger ou universel. Il est vrai que le français envahit parfois — souvent même — le domaine du dialecte, et parmi les plus beaux sonnets français de Vermenouze sont ceux qui parlent de la maison natale. Mais le dialecte, lui, dépasse rarement les bornes étroites de la petite patrie ; à lire *Flour de Brousso*, on dirait que son auteur n'avait jamais quitté les environs d'Aurillac. Vermenouze a voulu nous faire comprendre l'Auvergne et l'Auvergnat, et c'est justement parce qu'il a donné à son œuvre dialectale ces limites étroites qu'il y a si pleinement réussi, et qu'il a fait dire de lui : « Nul, après Mistral, n'a si complètement évoqué sa province.» [1]

Ce n'est pas que Vermenouze ait trouvé d'inspiration nouvelle : la petite patrie et la renaissance de la langue d'oc l'inspirent, comme elles ont inspiré tous les félibres. Mais il a su renouveler de vieilles pensées en leur imposant une forme particulière, faire revivre des formes anciennes en leur infusant une pensée nouvelle, mettre enfin à tous ses vers le cachet de l'Auvergne. Le conte, genre où le patois s'est senti, de tous temps, le plus à l'aise, sert à Vermenouze pour mettre en scène quelque *tête d'Auvergnat*, tel que Juon Pel, ou bien pour se moquer des *Goudots* [2], ses compatriotes. La pièce de circonstance devient entre ses mains une nouvelle occasion pour chanter le petit pays et sa langue. Prenons par exemple *Per uno nosso* : que peut-on trouver de nouveau à dire sur ce lieu commun entre tous ? Le poète offre d'abord ses vœux de bonheur. Puis il remarque le *cabretaire* [3] que remplace de plus en plus, aux noces, le joueur d'accordéon ou de piano, et félicitant les nouveaux mariés d'avoir

---

1. *L'Anthologie du Félibrige*, Praviel et de Brousse, Paris, 1909, p. 325.
2. Habitants d'Aurillac.
3. Joueur de *Cabrette*, ou de cornemuse.

gardé ce vieil usage auvergnat, il les prie de garder en même temps l'ancienne langue et toutes les coutumes locales qui distinguent leur pays des autres. Enfin la renaissance de la langue d'oc prend chez Vermenouze la figure de la *Marianne d'Auvergne* et devient par ce fait inséparablement liée à la bourrée et à la cabrette auvergnates.

Bien que Vermenouze eût déjà passé la quarantaine quand il publia *Flour de Brousso*, nous pouvons bien appeler celle-ci son œuvre de jeunesse, et *Jous la Cluchado* son œuvre de maturité. Le Vermenouze de *Flour de Brousso* est le nouveau chef d'école et surtout le conteur; celui de *Jous la Cluchado* ne cesse pas de conter, mais il devient de plus en plus le penseur, l'apôtre du retour à la terre, le poète de son pays.

Plus que la moitié des trente-neuf pièces de *Flour de Brousso* sont des contes, dont le plus connu et le mieux aimé est *Lei duoi Menetos*. Juon Pel, fameux cabretaire, rencontre vers minuit deux *menettes* sur un pont. Il prend sa cornemuse et les fait danser

«..... Oh ! sul coumençoment,
Onabou be'n pau douçoment.....
Mé sus lo fi prenguèrou bond,
E donsèrou que n'en fosiòu trombla lou pouont !
Lo pus bièlho surtout : qu'ono rudo meneto !
N'en cusère creba l'ouire de mo cobreto!...
Negro, seco, sons dent, oquelo bièlho fèio,
Donsèt, sons sua, jusqu'ò lo dorguieiro bourrèio.
Et quond oquel bal s'ocobèt,
Tèu creje que lou regretèt ! » [1]

Ce même Juon Pel reparaît dans un sonnet français, où sa cabrette, au lieu de faire danser de paisibles *menettes* [2], sert à chasser des loups.

D'un autre genre est le conte de *Sent Jiosèt*. Le bon Dieu fait le tour du ciel, la veille de la Toussaint, pour compter ses saints. Il salue sans distinction les vieux et les jeunes, jusqu'à ce qu'il voit dans un coin des âmes toutes noires, qui, bien loin d'être celles de saints, semblent à peine chrétiennes. Saint Pierre, à qui il reproche de les

---

1. Oh! au commencement, — elles allaient bien un peu doucement... — Mais à la fin elles prirent élan, — et dansèrent à faire trembler le pont! — La plus vieille surtout; quelle rude menette ! — Je crus faire crever l'outre de ma cabrette ! — Noire, sèche, sans dents, cette vieille fée, — dansa, sans suer, jusqu'à la dernière bourrée — Et quand ce bal s'acheva, — Je crois qu'elle le regretta.

2. « Fille dévote de l'ordre de sainte Agnès, généralement au service de la bourgeoisie ou du clergé. » (*Sous la Cluchado*, p. 496).

avoir fait entrer dans le paradis, dit qu'elles ne sont pas passées par la grande porte, et qu'il doit y avoir quelque part une entrée secrète. Le saint trouve effectivement une trappe pratiquée dans le plancher du ciel. « Cela doit être saint Joseph, dit-il, qui n'a pas oublié son métier. »

Le bon Dieu fait venir saint Joseph, le gronde, et le condamne à cent ans d'exil.

> « Sent Jiosèt, sourisent, enclinèt sous pièus bloncs :
> — Lo fenno è lou pitchiou, d'ocouordi toutes dous,
>   M'ou dit d'eima belcouot les paures pecodous.
>   Ieu les aime, è me soui empousat coumo oufice
>   D'empotchia que lou fiot de l'ifèr les rofisse. » [1]

Puis il ajoute : « Adieu ; je m'en vais, mais non pas seul. »

« Comment pas seul ? dit le bon Dieu ; qui penses-tu emmener avec toi ? »

« Ma famille : la femme et le petit », répond saint Joseph.

> « E dimpièi, lou boun Dièu de sous sents fo plus couompte.
>   Car, enquèro eglogiat de lo pòu que possèt,
>   Refuso res o Sent Jiosèt. » [2]

Ce conte, tout spirituel, d'un ton légèrement railleur, offre un contraste assez marqué avec la dernière manière de Vermenouze, où le sentiment de la religion se fait de plus en plus sentir.

La grande félibrée de 1895 vit l'arrivée de Félix Gras à Aurillac. Vermenouze fit pour cette occasion *l'Eclo è lou Gal*, qu'il récita à la soirée du 24 juin. Pour faire honneur au Capoulier du Félibrige, il prit comme modèle de ses vers une pièce du *Roumancero provençau* [3] la *Roumanso dou rei en Peire*. Félix Gras avait dit le héros de la croisade contre les Albigeois, mort à Muret ; Vermenouze dira le grand héros de l'Auvergne, Vercingétorix. La troisième strophe de *l'Eclo è lou Gal* (les deux premières strophes, sur un autre rythme, servent

---

1. Saint Joseph, souriant, baissa ses cheveux blancs : ...La femme et le petit, d'accord tous deux, — m'ont dit d'aimer beaucoup les pauvres pécheurs — Je les aime, et je me suis imposé comme devoir — d'empêcher que le feu de l'enfer les brûle.

2. Et depuis, le Bon Dieu ne fait plus le compte de ses Saints, — car, encore ému de la peur qu'il a eue, — il ne refuse rien à saint Joseph.

3. Félix Gras, Paris ; Avignon, Roumanille, 1887.

d'introduction) suit presque mot à mot la sixième strophe du *Rei en Peire*. Ainsi Vermenouze :

> « Orribèt en Oubèrgno, un moti,
> Cesar, lou counquistaire loti,
> Un moti,
> En plen cur de l'Oubèrgno,
> Orribèt lou Loti. » [1]

et Félix Gras :

> « I porto de Toulouse, un matin,
> Picon li cavaucaire latin.
> Un matin
> Bandiero desplegado,
> Arribon li latin. » [2]

Il y avait de la hardiesse à se mesurer ainsi avec un des plus grands félibres du Midi ; mais Vermenouze ne s'était pas trompé sur ses propres forces. *L'Eclo è lou Gal* n'est point une faible imitation qui boite après l'original. Quittant son modèle après la première strophe, Vermenouze mène sa pensée au rythme vigoureux avec un élan croissant jusqu'à la dernière *Gloire à Vercingétorix !* On croit l'entendre, avec J. Bessières [3], dire ses vers « courts, pressés, haletants, précipités sur un rythme sauvage », et entraîner tout l'auditoire par le récit de la défaite de César. Puis, après la bataille, c'est le coucher du soleil rougeoyant sur les monts ensanglantés ; et :

> « Lou lout couart, dins lo brousso orruquat,
> Bol song que fumo olonguo lou capt.
> Orruquat
> Dins lo brousso flourido,
> Lou lout lèbo lou capt. » [4]

Après avoir célébré Vercingétorix, Vermenouze revient volontiers à des héros plus humbles, et nulle part son vocabulaire n'est plus riche, son choix de mots plus juste, ses images plus frappantes, que dans les descriptions de ces « têtes d'Auvergnats » qui font cortège

---

1. Il arriva en Auvergne, un matin, — César, le conquérant latin, — un matin, — en plein cœur de l'Auvergne — arriva le Latin.

2. Aux portes de Toulouse, un matin, — frappent les chevaliers latins, — un matin, — bannières déployées, — arrivent les Latins.

3. *Cobreto*, fév. 1896, *A propos de « Fleur de bruyère »*.

4. Le loup poltron, caché dans la bruyère, — vers le sang qui fume allonge la tête. — Caché — dans la bruyère fleurie, — le loup lève la tête.

à Juon Pel. Voici le *Bourrut*, dont la barbe aurait pu le vêtir tout
entier ; voici *Grato-Cat* qui, devenu très riche, ne sait que faire de
sa fortune et quitte la grand'ville pour revenir auprès des lieux où
il avait été pauvre et heureux. Voici encore *Guiroleto d'ol Mount*,
toujours sur la piste d'un lièvre, *Popiolo* déjouant l'huissier, et *Jonn-
tou* qui vit le sabat. Vermenouze, lui, s'était trop souvent esquivé
devant le garde-champêtre pour ne pas se sentir un peu le frère de
tous ces vagabonds [1].

Bien que Vermenouze ait mis le meilleur de son livre dans ses
contes, où il se montre fin, gai, railleur, il trouve parfois des accents
délicats et élevés pour célébrer son pays. Ceux-ci étonnent et
ravissent le lecteur d'autant plus qu'ils se trouvent, le plus souvent,
dans des pièces de circonstance, des pièces de propagande locale, où
l'on ne s'attend pas à une originalité très grande. Tels sont ces vers
de *Oi Felibres* :

> « Tu, Proubenço, as lou grond soulel, n'autres lo nèu :
> As to mar blugo, è douço, è pleno de corèsso,
> To mar que toutchiour conto, è que toutchiour te brèsso
> L'Oubèrgno o so mountogno è quo's pus prèt del cièu. » [2]

et ceux-ci adressés aux cabretaires :

> « E lou cobreteirèl, ossitat sus lo mousso,
>   Jiougo soun èr lou pus poulit.
>   Jiougo un *Regret*, un èr migrous, de migro douço
>   Coumo l'odicias d'un omit.
>   E pes prats, è pei bouos, è dins lo plono entièiro
>   Oquel èr s'estend sons efouort,
>   S'estend coumo lou flot d'uno largio ribièiro,
>   Que s'olondo de bouord en bouord. » [3]

Ces vers font que des pièces de propagande félibréenne ou auvergnate nous charment toujours, bien qu'elles n'aient plus aujourd'hui

---

1. Voir Ajalbert, *op. cit.*, p. 122.

2. Toi, Provence, tu as le grand soleil, nous autres la neige ; — Tu as ta mer
bleue, et douce, et pleine de caresse. — Ta mer qui chante toujours et qui toujours
te berce ; — l'Auvergne a sa montagne et c'est plus près du ciel.

3. E: le petit *Cabretaire*, assis sur la mousse, — joue son air le plus joli. — Il joue
un *regret*, un air mélancolique, d'une mélancolie douce — comme l'adieu d'un
ami. — Et par les prés, et par les bois, et dans la plaine entière — cet air s'épand
sans effort — s'épand comme l'onde d'une large rivière, — qui s'étend de bord en
bord (*Os Cobretaires*).

le même intérêt qu'elles avaient au moment où le nouveau capiscol luttait pour assurer l'avenir de la jeune École.

Il ne faudrait pas quitter *Flour de Brousso* sans parler du célèbre sonnet de la *Soupo de Caus*, où Vermenouze se fait Ragueneau pour le moment et nous donne une recette en vers. C'est sans doute sa saveur auvergnate qui valut à ce sonnet une place dans l'*Anthologie du Félibrige*.

Du plein air de *Flour de Brousso*, Vermenouze passe *Sous le Chaume*, et il semble laisser sur le seuil un peu de sa verve saine et drue. La poésie de *Jous la Cluchado* est, en général, plus réfléchie, plus voulue que celle de *Flour de Brousso*. Les joyeux contes nous manquent : l'*Eternitàt* n'a plus la fraîcheur de *Sent Jioset*; le *Cônte Vertadier* a une morale; *Pantuèlh* même, le *Pantualhoun de moun àmo*, ne vaut pas ses frères de *Flour de Brousso*. En revanche, voici un *Vièlh de la Vièlho* conté dans la meilleure manière de Vermenouze; mais cette pièce date de 1896 [1] et appartient donc plutôt à la période de *Flour de Brousso* qu'à celle de *Jous la Cluchado*. Dans le même ton est le *Saumon*; et en vérité, on se serait bien étonné que les contes de chasseur intrépide ne se fussent complétés d'une histoire de poisson merveilleux.

Mais si *Jous la Cluchado* a perdu un peu de la fraîche gaieté de *Flour de Brousso*, il a gagné en beaux vers et en sentiments délicats. Au lieu de ces quelques passages de *Flour de Brousso*, dont la beauté nous étonnait par son imprévu, nous trouvons des poèmes entiers où la forme du vers égale l'élévation de la pensée. Telle est la pièce, des *Dous Camins*; Vermenouze, lui, en a choisi le second, le chemin le plus âpre, mais qui mène à la gloire; telle la *Cadeno*, la chaîne qui nous lie à la petite patrie; la *Fin de Darréiria*, où Vermenouze s'attriste à la pensée qu'il faudra bientôt quitter l'Auvergne pour des pays plus chauds. Telles sont, enfin, *A la Mariànno d'Auvernho* et la *Grando Obro*, où le poète prend ses accents les plus élevés pour célébrer la renaissance de la langue d'oc.

> « La vôle, la Mariànno ;
> La vôle, màis l'aurài ! » [2]

Ce couplet, mis en tête des vers *A la Mariànno d'Auvernho*, forme

---

1. Elle parut dans la *Cobreto* de mai 1896.
2. Je la veux, la Marianne, je la veux, et je l'aurai.

le début de l'une des bourrées les plus connues de l'Auvergne. Ce
n'est donc pas sans raison que Vermenouze a choisi la Marianne
pour personnifier la langue méprisée à laquelle il rend sa gloire d'autrefois. Il l'a trouvée sale, barbouillée, et toute honteuse de se mon-
trer dans le monde; il l'a lavée, il l'a vêtue, à la mode auvergnate,
du bavarel [1] et de la longue chaîne d'or.

> « Ambe aquô, n'às pas plus l'èr d'uno pastouresso,
> E lou mouude parpand, qu'àro te couneis pàs,
> De te veire a moun bràs, soureis è dis tout bàs :
> Quô's un novi que pàsso avàl amb sa mestresso. » [2]

Ainsi la Marianne devient pour l'Auvergnat ce qu'est, pour le Provençal, Mireille : le symbole de la langue maternelle ressuscitée.

La renaissance de la langue d'oc se présente sous une autre forme
dans *La Grando Obro*, qui est en même temps un bel hommage à Mistral. Le Prince revient chez lui et trouve son château en ruines; il se
met tout seul à le réparer, puis, son œuvre faite, il la montre au
peuple du Midi, qui l'acclame comme son roi. Le début, simple et
puissant, exprime, mieux même que la pauvre Marianne barbouillée, l'état lamentable où était tombée la langue d'oc avant l'arrivée
du félibre.

> « Lou filh del rei poussèt la pôrto mau tancàdo
> Del vielh casàu mairàl que perdia sas parèts,
> E li troubèt, al miech de càbros è d'arèts,
> De vàcos è de bràus, sa familho arrucàdo. » [3]

Non moins beau est l'appel du prince aux peuples du Midi :

> « V'àutres que regrètas toutjourn l'antique oustàu,
> V'àutres que ses nascuts ound la vinho amaduro,
> O fràires meus par l'àmo è per la parladuro,
> Vous ai tournàt bastir lou castel familiàu. » [4]

---

1. Corsage auvergnat.

2. Avec cela, tu n'as plus l'air d'une bergère, — et le monde bavard, qui maintenant ne te connait pas, — à te voir à mon bras, sourit et dit tout bas : —
C'est un jeune marié qui passe, là-bas, avec sa bien-aimée.

3. Le fils du roi poussa la porte mal barrée — de la vieille maison paternelle qui
perdait ses murailles ; — et il y trouva, parmi des chèvres et des béliers, — des
vaches et des bœufs, sa famille abritée.

4. Vous qui regrettez toujours l'antique maison, — vous qui êtes nés là où la
vigne mûrit, — ô, mes frères par l'âme et par la langue, — je vous ai reconstruit
le château familial.

Ces vers sont parmi les quelques rares où, s'échappant pour le moment aux bornes du petit pays, Vermenouze parle avec la voix du grand Midi ; où l'Auvergnat se confond dans le Méridional.

De ce poème, d'inspiration très large, passons à un autre, foncièrement auvergnat, *La Terro*, où nous verrons une conception très particulière de l'amour de la petite patrie. L'Auvergne, bien qu'adorée de ses enfants, est pour eux quelque peu marâtre, et les force souvent à la quitter. Vers l'âge de seize ou de dix-huit ans, beaucoup de ses jeunes gens partent pour Paris ou Bordeaux, pour l'Espagne, ou bien pour des pays lointains, tels l'Afrique et l'Amérique du Sud. Mais ils partent tous avec l'espoir de revenir au pays natal, ne fût-ce que pour y mourir.

Vermenouze, lui, était nourri, dès sa plus tendre enfance, de contes d'émigrant :

> « Ils ont ensoleillé le foyer paternel,
> Et m'ont tout imprégné de cette poésie
> Où l'azur enflammé du ciel d'Andalousie
> Se mêle au pâle et tendre azur de notre ciel. »

Plus tard, émigrant lui-même, il a connu l'amère nostalgie de la montagne natale ; et enfin, retiré à Vielles, il a goûté les joies paisibles de vivre sur ses propres terres. De ces contes d'aïeul, avidement écoutés, puis vécus, Vermenouze a tiré une véritable épopée de l'Auvergne.

Les premières strophes de la *Terro* sont d'une simplicité épique : le vieux Colas est mort ; ses neuf enfants se sont réunis dans la maison paternelle pour célébrer la neuvaine, et ils se mettent à raconter leur vie depuis qu'ils se sont séparés, il y a bien trente ans. Jean, le plus jeune, était allé en Amérique du Sud où après avoir essayé divers métiers, il gagnait sa vie à tuer des crotales. Un beau soir, il rencontra un compatriote, officier de marine, qui voulait l'emmener en France.

> « Seguès-me, so fasia ; mes èro dejas tòrto,
> Ma passiu de la càsso è de la libertàt. » [1]

On dirait Vermenouze qui parle ! Mais ce portrait du « trappeur

---

1. Suivez-moi, disait-il, mais elle était déjà forte, — ma passion de la chasse et de la liberté.

et chasseur de crotales » est en vérité celui du cousin, Calixte Vermenouze, que nous rencontrons plus tard dans les sonnets français.

Jean reste donc en Amérique, jusqu'à ce que l'amour de son pays, qu'il garde dans son cœur,

> « Coumo dins un croc se counservo un nougàl » [1]

le force à rentrer chez lui.

Les trois filles se sont mariées dans le pays; des cadets, deux sont joueurs de cabrette à Paris, un autre est « espagnol » [2] et le dernier gagne péniblement sa vie à Bordeaux. Reste l'aîné, le seul des six fils qui n'ait pas quitté l'Auvergne. Sa vie, moins romanesque, mais non moins dure que celle des autres, s'est usée à la conquête de la terre, — la conquête par l'araire ; et de ce rude combat, il est sorti victorieux. D'ailleurs, si la journée est longue et fatigante, le soir apporte la paix.

> « Ieu desjoungia mous biòus, è dins aquel moument,
>   La grando vouès del ser que canto, prègo è plouro,
>   L'Angèlus s'entendia pel campèstre ; èro l'ouro
>   Ound les lums d'or del cièu s'alùcoun doussoment. » [3]

Puis, son simple récit achevé, l'aîné se retourne vers ses frères :

> « V'àutres, les emigràts, sès trop vièlhs quand tournàs :
>   Arribàs per mourir : lou grand àge vous giàlo.
>   Cèrto, es boun de durmir dins la tèrro mairàlo,
>   Mès viure de sa vido, enquèro quô vàu màis. » [4]

Et par la voix de Pierre, « l'espagnol », tous sont forcés de lui donner raison.

C'est l'essence même de l'âme auvergnate, cet attachement à la terre, aigri par la nécessité d'émigrer, et c'est ce qui fait l'originalité de Vermenouze, ce qui le distingue des autres poètes du Midi. Car le Provençal aime son pays en chantant; le soleil lui sourit, la vie

---

1. Comme sous l'écale se conserve un noyau.

2. Émigrant en Espagne.

3. Je détclais mes bœufs, et dans ce moment — la grande voix du soir qui chante, prie et pleure, — l'Angélus, s'entendait dans les champs; c'était l'heure — où les lampes d'or du ciel s'allument doucement.

4. Vous autres, émigrés, vous êtes trop vieux quand vous rentrez : — Vous arrivez pour mourir, le grand âge vous glace. — Certes, il fait bon dormir dans la terre natale, — mais vivre de sa vie, cela vaut mieux encore.

lui est facile. Sa chanson est toute gaieté et insouciance ; celle de l'Auvergne sent la lutte. Le Provençal chante l'amour : — *Mireille* et *Calendal*, poèmes de passion ; et qui dit Aubanel dit le poète de l'amour. Or, cette corde manque à la lyre de Vermenouze.

Car Vermenouze n'a pas chanté l'amour. On a tâché de nier ce fait, dans lequel on a voulu voir comme un reproche contre le poète de l'Auvergne [1], mais ce n'en est pas moins un fait. Le grand amour de Vermenouze, c'est sa *Marianne*, c'est la petite patrie, et ni *Lou pieu fin de ma migo* en dialecte, ni *Regrets* en français ne peut comparer avec ces vers où il chante l'Auvergne :

> « A tu, tèrro d'Auvèrnho, a tu tout moun amour,
> Amour de filh, amour de novi, amour de fraire,
> Car ères tout ensemble è ma sorre è ma màire,
> E ma novio glouriouso, o tèrro ound sou nascut. » [2]

C'est sur cette note de l'amour du petit pays que l'on quitte *Jous la Cluchado* et que l'on y revient.

Pourtant, malgré cette beauté de pensée et d'expression, ce n'est pas *Jous la Cluchado* qui fait de Vermenouze le poète bien-aimé de l'Auvergne. Nous admirons l'œuvre du félibre, l'effort que fait le poète pour assouplir sa langue et la rendre propre à exprimer des nuances dont elle n'avait pas l'habitude. Mais nous aimons le conte. C'est peut-être que le travail d'assouplissement rapproche le patois du français ; l'idéal du félibre, c'est de faire de son dialecte un instrument d'expression aussi parfait que la langue française. Nous sentons donc, dans son œuvre, l'effort constant vers cet idéal qu'il n'atteint jamais ou seulement par moments. Mais le conte ne sent aucun effort, il coule de source. Naïf, spontané, sans apprêt, le dialecte y trouve sa puissance et sa vigueur pleines. Le poète pourra travailler sa langue, la retoucher et la polir, pour la rendre plus digne d'un *fils du roi* ; les vers jailliront d'eux-mêmes, pour conter, le plus joyeusement du monde, les exploits de ce grand gaillard, Juon Pel.

Bien que ce soit l'œuvre dialectale de Vermenouze qui nous intéresse surtout dans cette étude, il ne faudrait pas négliger l'œuvre

---

1. Duc de la Salle, *Les Troubadours Cantaliens*, t. I, p. 89.

2. A toi, terre d'Auvergne, à toi tout mon amour - - amour de fils, amour de mari, amour de frère, — car tu étais tout ensemble et ma sœur et ma mère, — et ma jeune mariée radieuse, ô terre où je suis né.

française, car celle-ci complète celle-là. L'évolution du poète
conteur et chasseur en poète penseur et chrétien se remarque dans
les vers français comme dans les vers dialectaux. *En Plein vent*, — le
titre même correspond à *Flour de Brousso* ; *Mon Auvergne* complète
l'amour de la terre, si souvent exprimé dans *Jous la Cluchado*, par
l'amour de la maison natale et le sentiment de la famille. Enfin, le
poète chrétien, qui s'accusait déjà nettement dans *Mon Auvergne* et
Jous la Cluchado, écrit les *Dernières Veillées*, toute pleines de la rési-
gnation et du recueillement de la fin de sa vie.

En parlant d'*En Plein vent*, M. Eugène de Ribier appela Vermenouze un « émule de Hérédia », et l'on verrait facilement l'influence des Parnassiens dans la prédilection que montre Vermenouze
pour la couleur. « Cette ardente couleur me vient de mes aïeux »,
dit-il. Elle vient aussi, sans doute, du rouge et de l'or et de « l'azur
enflammé » de l'Espagne, qui ont dû lui ouvrir les yeux aux nuances
plus tendres de son pays natal. On le voit, d'une page à l'autre,
parcourir toute la gamme, du pourpre et de l'écarlate d'un coucher
de soleil espagnol, à la « couleur d'améthyste » du crépuscule en
Auvergne. C'est le « vert frais et riant du doux pays » natal ; c'est
« l'or clair des genêts » ; c'est encore le soir en Auvergne :

> « Tel un fin bijou dans un satin rose pâle,
> Une étoile s'épingle au creux du firmament,
> Et l'œil croit voir dans son lointain scintillement
> Frissonner, langoureuse et mourante, une opale. »

Rien de terne chez lui ; c'est à peine si quelques légères brumes
viennent obscurcir le soleil qui éclaire tous ses paysages ; et lorsque
la lumière s'enfuit devant la nuit ou les neiges d'hiver, les lampes
s'allument et le feu jette de chaudes lueurs rouges. Bien qu'à la fin,
pour le poète enfermé chez lui et qui ne voit plus le soleil que par
la fenêtre entr'ouverte, les couleurs perdent leur éclat, elles gardent
toujours des nuances fines et tendres.

> « Vous m'avez fait aimer comme des amis sûrs
> Mes gros cahiers, ma lampe à la clarté d'or pâle,
> Mes livres et ma pipe aux bleuâtres spirales,
> Qui volent, emportant mes rêves vers l'azur. »

Nous voyons souvent le poète, assis ainsi au coin de la cheminée, avec sa pipe et ses cahiers de vers. Il sait

> « Goûter ce charme d'être assis au coin de l'âtre,
> Rêvant, rimant, fumant et chauffant ses sabots ».

Forcé, pendant des jours, de garder la maison, il en tire le meilleur
parti, et il semble se plaire de plus en plus dans cette maison où il
avait vu passer tant des siens.

> « Tout nous parle encore d'eux, les êtres et les choses ;
> Nos espaliers qu'ils ont greffés, notre vieux chien,
> Qui connut les derniers partis et s'en souvient,
> Le jardin qu'ils aimaient et qui leur doit ses roses. »

Il suffit qu'ils l'aient aimé pour que Vermenouze l'aime, et c'est un
plaisir, après l'avoir écouté chanter la bruyère et les genêts, de le
voir revenir au petit jardin, où tout

> « ... pousse au hasard, en désordre : des fraises,
> Des groseilles parmi de gros choux violets ;
> Et des pommes de terre et des oignons, mêlés » ;

sans oublier le rosier,

> « Où pinsons et moineaux se vont percher en foule ».

Mais il y a un autre chanteur vers lequel Vermenouze se retourne
volontiers lorsque, le froid venu, il doit quitter le jardin et retrouver son coin préféré. C'est un vieux grillon,

> « ... chantre des longs hivers,
> Et qui, poète et vieux comme moi, me ressemble :
> Voilà plus de trente ans que nous vivons ensemble,
> Lui, chantant des chansons, et moi, faisant des vers ».

On comprend mieux, après avoir lu ces vers sur la maison et la
famille, la tristesse et la mélancolie de *Fin de Darréiria*. Car la fin
de l'automne, qui annonce le prompt retour de l'hiver, forcera Vermenouze à quitter, pour des climats moins rigoureux, son pays, sa
maison, et « ces êtres aimés qui vous gardent une place ».

Jean Ajalbert disait, en parlant des *Dernières Veillées*, que seul,
dans sa sagesse, Verlaine, en une accalmie de retour à la foi, a pu
écrire des hexamètres de cette pure et touchante simplicité [1]. Les
deux poètes ont été ramenés à la foi par des chemins trop différents
pour qu'on puisse les rapprocher l'un de l'autre. Mais si la résigna-
tion de Vermenouze est moins émouvante que l'abandon subit et

---

1. *Au cœur de l'Auvergne*, p. 249.

entier de Verlaine ; si aucun vers du *Poète Chrétien* n'égale la pitié
suprême de :

> « … Pauvre âme, c'est cela ! »

du moins les *Dernières Veillées* respirent-elles un détachement de la
terre et de la chair que Verlaine ne connaissait pas. Cette résigna-
tion parfaite, nulle part elle ne se montre plus touchante que dans
Justice et Bonté, où le poète malade, brisé, cloué à son fauteuil, remer-
cie Dieu de lui avoir « révélé le charme des humbles choses ». Il
continue :

> « Votre charme et votre douceur sont infinis ;
> Et pour le miel que vous versez dans mon calice,
> Pour la bonté dont vous mêlez votre justice,
> Pour votre œuvre d'amour, Seigneur, je vous bénis. »

Il est loin de ces vers polis et doux au rude parler et à la franche
gaieté des *Duoi Menelos* ; et peut-être n'aurais-je pu trouver de meilleurs exemples de ce que j'ai appelé la « matière française » et la
« matière dialectale ». Vermenouze a chanté en français la bécasse
et Jean Pel, mais il les chante bien mieux dans *Flour de Brousso*.
Jous la Cluchado est surtout le livre du félibre. D'autre part, l'Espagne, qui n'a guère laissé de trace dans l'œuvre dialectale, brille à
travers les vers français ; et dans l'œuvre française trouvent leur plus
haute expression le sentiment de la famille, qui est français autant
qu'auvergnat, et le sentiment de la religion, qui est universel. Les
félibres ont parfois été accusés d'aimer trop le petit pays. Vermenouze,
lui, a la gloire d'avoir prouvé, non seulement par ses sentiments,
mais encore par le choix de la langue dont il se sert pour les exprimer, que l'on peut aimer la petite patrie sans en aimer moins la
France.

CHAPITRE VI

LE DIALECTE D'AURILLAC

Les dialectes de la Haute-Auvergne diffèrent entre eux de commune en commune. On ne parle pas à Aurillac comme on parle à Saint-Flour, qui n'en est toutefois qu'à une cinquantaine de kilomètres de distance. Il serait évidemment impossible d'étudier ici tous les dialectes auvergnats qui ont pris, sous l'impulsion du Félibrige, une forme littéraire. Il serait même difficile d'étudier tous ceux qui se sont trouvés représentés dans les feuilles de la *Cobreto*. J'ai cru devoir prendre, donc, comme base de cette étude, le dialecte d'Aurillac, que Vermenouze a rendu le dialecte littéraire, j'allais dire la *langue*, de l'École Auvergnate. Pourtant Vermenouze lui-même ne s'en tenait pas toujours au dialecte d'Aurillac ; dans une note de *Flour de Brousso*, il dit avoir fait de manifestes emprunts à d'autres idiomes cantaliens. Je noterai donc, comme variantes, tels mots dans l'œuvre de Vermenouze qui ne sont pas conformes à son dialecte.

Le dialecte d'Aurillac appartient au groupe des dialectes méridionaux de la France [1]. Le Lioran [2], se dressant en véritable barrière

1. Il existait deux théories de l'origine des dialectes auvergnats, l'une qui fait dériver ceux-ci du latin, l'autre qui les fait dériver du celtique. Celle-ci fut émise en 1840, dans la *Revue d'Auvergne* (t. I, oct., p. 338), par le comte Roger de Saint-Poncy, qui dit : « Quant aux origines de notre patois je suis aussi loin de penser qu'il dérive du latin que je le serais d'accorder à celui-ci l'antériorité sur le celte...
il paraît à peu près certain aujourd'hui que la langue des Gaulois d'Italie est entrée pour beaucoup dans la composition radicale de celle des Romains. Il est donc de toute impossibilité que, fille de la première, la seconde puisse en même temps en être la mère. Le serait-elle davantage de l'auvergnat ? non. » Cette théorie fut répétée à plusieurs reprises. Encore en 1910, c'est-à-dire, après que la *Phonétique occitane* de l'abbé Four eut paru, M. Fernand Delzangles put-il dire : « Le patois d'Auvergne, ancien dialecte celtique, adopta certains termes ou vocables latins pendant l'occupation romaine, mais il ne dérive pas du latin, quoique plusieurs mots aient la même racine ou syllabe tonique, qui proviennent plutôt d'une commune origine aryenne. (*Folklore Cantalien : Chants populaires d'Auvergne*, Aurillac, Terrisse, préface, p. 7.)

2. Col du Cantal, entre les versants de la Loire et de la Garonne.

linguistique, au delà de laquelle l'influence du français se fait fortement sentir, a forcé Aurillac à se retourner vers le Midi. De là, les
grandes différences entre les dialectes de la Haute et de la Basse-
Auvergne. Dans le traitement du *c* et du *g* devant *a* [1], dans le traitement des voyelles toniques sous l'accent, le dialecte d'Aurillac se
montre bien un dialecte d'oc, cousin du provençal et du languedocien plutôt que du français. Il n'a pas échappé complètement, bien
entendu, à l'influence de celui-ci, mais il l'a subie dans des mots
isolés, et non pas dans tout un développement phonétique [2].

Le dialecte d'Aurillac n'a pas subi l'influence du seul français.
D'autres dialectes lui ont fourni des mots tels que *cur*, *nouze*. On
serait même tenté de croire que l'espagnol a exercé quelque influence sur lui, vu les relations qui existent depuis des siècles entre
l'Auvergne et l'Espagne. Autrefois, c'étaient des pèlerins qui allaient
d'Aurillac à Saint-Jacques de Compostelle. Puis, — et encore aujour-
d'hui, — c'étaient des commerçants, des émigrants en Espagne,
comme l'était Vermenouze. On se demande si, en rentrant dans
leur pays, ces « espagnols » ne rapportaient peut-être autre chose
que de l'argent et s'il n'y avait pas dans leur parler un souvenir de
la langue qu'ils avaient dû employer pendant leur séjour en Espagne [3].

1. M. A. Thomas, dans sa préface aux *Études linguistiques sur la Basse-Auvergne*
(A. Dauzat, Paris, Alcan, 1897), dit : « L'arrondissement d'Aurillac se sépare du
reste du Cantal au point de vue linguistique si l'on tient compte d'un phénomène
phonétique très saillant, le traitement des sons primitifs *c* et *g* devant la voyelle *a* :
le *c* et le *g* sont demeurés intacts, conservant leur son explosif comme dans les
provinces plus méridionales (Quercy et Rouergue), tandis que dans le reste du
département, comme dans la Basse-Auvergne et toutes les provinces limitrophes
(sauf le Quercy et la Rouergue) le *c* et le *g* ont cédé la place... aux sons fricatifs
ch et *j* qui ont continué leur évolution et qui la continuent pour ainsi dire sous
nos yeux ».

2. Tous les dialectes d'oc se sont forcément francisés à mesure que le français
les remplaçait comme langue vivante : le provençal a ses mots d'emprunt tout
comme le dialecte d'Aurillac. Pourtant, si l'on dit, dans la Camargue, où il y a
des cavales sauvages, *cavalo*, mot de développement phonétique régulier, on ne
doit pas s'étonner que, dans un pays où les bêtes de somme sont des mulets, et
où les chars sont tirés par des bœufs, le mot *tchobal* ait pris le son initial au *che-
val* français. C'est-à-dire que le dialecte d'Aurillac n'a pas fait ses emprunts tout à
fait au hasard, bien qu'ils ne soient pas toujours si clairement motivés que dans le
cas que nous venons de citer.

3. Certains mots, tels que lioura < *llorar*, sont de manifestes emprunts à l'espagnol.

Il existe déjà un essai de phonétique sur le dialecte d'Aurillac, la *Phonétique occitane* de l'abbé Raymond Four [1]. Mais l'abbé Four ne consulta, dans la préparation de son étude, que des œuvres sur la formation du français, et il semble avoir ignoré certains développements phonétiques caractéristiques de la langue d'oc, tels que la diphthongaison de e devant une palatale. Du reste, cet ouvrage, qui n'est, comme l'indique le titre, qu'un essai, laisse beaucoup à désirer dans le détail.

Avant de passer à l'étude de la phonologie et de la morphologie du dialecte d'Aurillac, il serait utile d'en noter quelques principes généraux. Dans le développement phonétique du dialecte d'Aurillac moderne, il faut remarquer la tendance vers la sourde qui est en opposition avec la loi du moindre effort. Celle-ci fait passer la sourde latine à la sonore [2], tandis que celle-là exerce son influence dans le sens contraire. La tendance vers la sourde explique, en dialecte d'Aurillac, la perte de la sonorité du groupe primitif *bl* : diaple < diabolum, ouplida < oblitare, etc., et l'existence du *tš* sourd à côté du *dž* sonore régulier : — atche (atše) à côté de age (adže) < aticum, routchi (rutši) à côté de rougi (rudži) < rubeum, etc. Dans d'autres mots, le passage de la sonore à la sourde n'est pas encore complet, mais l'oreille saisit bien un son intermédiaire entre la sonore et la sourde. Ainsi, le *d* initial de *diaple* a une prononciation intermédiaire entre *d* et *t*, bien qu'on écrive, faute de symbole propre, *d*. Quant à la morphologie du dialecte d'Aurillac, je noterais que l'étude des verbes présente, en plus des difficultés ordinaires, celle-ci, que certaines formes ne sont guère employées dans la langue parlée. Quand on les trouve, donc, dans la langue écrite, on se demande si elles n'ont pas été refaites sur le modèle du français. Pourtant, ces formes, n'existant pour ainsi dire plus dans la langue vivante, nous intéressent peu. Pour le reste, l'analogie a joué, comme dans

1. *Revue de la Haute-Auvergne*, 1904, pp. 357-400.

2. Règle générale, en ce qui concerne les sourdes médiales simples, en ancien provençal, comme en français et en espagnol.

3. C'est M. Lhermet qui m'a fait remarquer cette tendance vers la sourde. M. Lhermet voit la même tendance dans le passage de *v* à *b*, *b* étant déjà moins sonore que *v*. M. A. Dauzat attribue le passage de *v* à β et à *b* en espagnol et en gascon au prognathisme de la race ibérique (*La Géographie linguistique*, Paris, Flammarion, 1922, p. 135) ; mais M. Lhermet observe que les Auvergnats ne sont pas prognathes.

les autres langues romanes, un très grand rôle dans le développement de la conjugaison ; peu de formes verbales ont échappé à son
influence, et pas une des formes du prétérit, par exemple, ne provient directement du parfait latin. Parmi ces formes analogiques,
il y en a qui sont extrêmement difficiles à expliquer. Je me suis con-
tentée d'indiquer des analogies possibles, sans prétendre en trouver
toujours une explication satisfaisante. Car il faudrait une étude com-
parée des divers dialectes d'oc pour éclaircir ces difficultés morpho-
logiques, comme d'autres phonétiques. Les phénomènes linguistiques du dialecte d'Aurillac ne sont pas isolés ; on n'a qu'à ouvrir
l'*Atlas Linguistique* pour s'en rendre compte. Et sans doute telle
forme aurillacoise qui semble aujourd'hui inexplicable, ne présen-
tera plus de difficultés quand nous connaîtrons plus à fond les dialectes d'oc et les rapports qui existent entre eux.

PHONOLOGIE

SYMBOLES PHONÉTIQUES

. souscrit montre que la voyelle est longue.
ı   »   »   »   »   »   » brève.
˘   » sous *i*, *u*, montre que la voyelle est une demi-consonne.
·   montre que la voyelle est nasalisée.
u = ou français (*jour*)
ü = u français (*sur*)
β = v bilabial (espagnol *vida*)
c', g' = c, g suivi de i, e
χ = ch allemand (*echt*)
dž = j anglais (*judge*)
tš = ch anglais (*change*)
l, m̃, ñ, = l, m, n, mouillé.
s = s sourd (*six*)
z = s sonore (*hasard*)
ᵗ = t très affaibli

L'accent tonique est marqué par un accent aigu.

Dans les diphthongues et les triphthongues, la voyelle qui porte l'accent est marquée par un accent aigu.

Les autres symboles ont la même valeur qu'en français.

VOYELLES

I. — Voyelles toniques

a

L.V. a < L.C. ă

a, sauf devant une nasale, donne *a*.

> Ex : baco, *báko* < vaccam ; nas, *naz* < nasum; eima, *eimá* < amare

a, devant une nasale suivie d'une voyelle, donne *ọ*.

> Ex : plono, *plọno* < planam ; lono, *lọno* < lanam

a, devant une nasale appuyée, donne *ŏ*.

> Ex : conto, *kŏnto* < cantat ; grond, *grŏ* < grandem ; com., *kō* < campos

Dans les mots tels que po < panem, co < canem, mo < manum, *a* a dû devenir *o* avant la chute de l'*n* final [1].

Amo donne *aime* sous l'influence du français.

a forme avec un *i* épenthétique la diphthongue *ai*.

> Ex : mai, *mai* < magis ; naisse, *náise* < nascere ; le suffixe -aire <-ator : contaire, *kŏntáire* < cantator

Le suffixe -arium a deux développements, l'un savant, l'autre

---

Note : J'ai pris comme modèle de cette étude *An Outline of the Phonology and Morphology of Old Provençal*, de M. Grandgent (Boston, D.C. Heath, revised edition, 1905).

1. Le passage de *a* en *o* devant une nasale semble dater du xvᵉ siècle. M. Brunel en a relevé des exemples dans le Gévaudan dès 1400 (*Documents linguistiques du Gévaudan*, Paris, 1916, p. 75). On trouve dans une charte aurillacoise de 1452 : « ... se dizia que abia *gron* enpedemia de en fermetat. » (Esquer, *Inventaire des Archives Communales de la ville d'Aurillac antérieures à 1790*, tome I, Aurillac, Imp. Moderne J. Sérieys, 1909, p. 443).

populaire : -arium, -ariam > -ari, -ario, (savant) ; et > -iè, -ièiro
(populaire) peut-être par confusion avec le suffixe -ěrium [1].

Ex : necessari, *nesesári* < necessarium ; prumiè, *prümiè*
< primarium ; prumièiro, *prümiéiro* < primariam

a forme avec un *u* secondaire la diphthongue *au*.

Ex : caudo, *káudo* < calidam ; naut, *náut* < altum

Les mots en -èio viennent du français.

Ex : bourrèio, *buréio* < bourrée ; fèio, *féio* < fée

ę

L.V. ę < L.C. ě, ae.

ę non suivi d'une nasale finale ou appuyée, d'un élément palatal,
ou d'un *u*, donne *ę*.

Ex : pe, *pę* < pedem ; lebre, *lébre* < leporem

ę suivi d'une nasale appuyée donne *ę́*.

Ex : sentou, *sę́ntu* < *sěntunt* ; tems, *tę̃* < těmpus

ę suivi d'une consonne palatale, de *i*, ou de *u* primaire ou secondaire, donne *ię* [2].

Ex : bielho, *biéło* < *veclam ; fièiro, *fiéiro* < *fěriam ; dicu,
diéu < děum ; cieu, *siéu* < caelum

Dans la partie sud de l'arrondissement d'Aurillac (chez Vermenouze), on trouve diu, *diú* pour dieu, ciu, *siú* pour cieu, probablement par l'analogie des mots en *iu* qui ont également la forme
en *ieu* [3].

La diphthongaison de ę ne se produit pas devant i < t + r.

Ex : peiro, *péiro* < *pedra < pětram ; Peire, *péire* < Pě-
trum

ę̣

L.V. ę̣ < L.C. e, oe, i.

1. Le même phénomène existe en français et en vieux provençal ; on n'en a
pas encore trouvé d'explication satisfaisante.
2. Mais lěvem donne leu.
3. Voir *i* tonique suivi immédiatement d'*u*.
L'École auvergnate.

ę, sauf devant une nasale appuyée, donne ę [1].

  Ex : ser, *sęr* < serum ; peno, *péno* < poenam ; negre,
négre < nigrum ; ple, *plę* < plēnum [2]

ę devant une nasale appuyée donne ę̃.

  Ex : entre, *ę̃ntre* < inter

mins, *mĩ* < minus, dins, *dĩ* < de intus, qui se trouvent également dans l'ancienne langue, ne sont pas expliqués.
sons, *sõ* vient du français sans.
ę semble s'être fermé en *i* sous l'influence d'un *l* suivant.

  Ex : rebilho, *rebílo* < revĭgilat ; cilho, *cílo* < cīlia ; obilho,
obílo < apiculam

Ce phénomène doit être plus récent que la perte de la palatalisation de *l* en finale (voir consonnes : observations générales),
puisque soliculum donne soulelh, *sulę̃l* > soulel, *sulę́l*.
Devant les autres consonnes palatalisées, ę reste ę.

  Ex : ebejo, *ebę́džo* < invĭdiam

ę suivi d'un *i* post-tonique se ferme en *i*.

  Ex : bint, *bĩ* < vigĭnti

ę forme avec *u* secondaire la diphthongue *ęu*.

  Ex : beure, *bę́ure* < bibĕre ; déure, *dę́ure* <*debĕre

i

L.V. į < L.C. ī

1. Les verbes en -ēre, de la seconde conjugaison du latin classique, ont pris, en
passant dans le dialecte d'Aurillac, la terminaison -cire des verbes de la troisième
conjugaison du type credĕre. Credĕre donne régulièrement crcire, avec chute de
la voyelle de la pénultième et vocalisation du *d* en *i*. Ce développement a peut-
être commencé par le verbe vidēre qui serait devenu vidĕre qui aurait donné régulièrement beire ; il est pourtant difficile de voir pourquoi le verbe très usité, obeirc
< habēre, l'aurait suivi. On pourrait y voir l'influence du français (aveir < habēre),
mais l'influence du français ne saurait expliquer l'*e* final. Les formes régulières
ober < habēre, sober < *sapēre, existent à côté de obeire, sobeire ; mais elles sont
moins usitées. Pouder < *potēre, deber < debēre, plose < placēre, ne s'emploient
que comme substantifs.
2. Par l'analogie des nombreux mots en -t('), on trouve *plel* à côté de *ple* ; on
trouve également *bit* pour *bi* < vinum.

ị donne ị.

> Ex : bido, *bị́do* < vitam ; fi, *fị* < fīnem ; omit, *omị́*[1] < amicum

ị suivi immédiatement d'un *u* secondaire donne *ieu* ; sauf dans la partie sud de l'arrondissement d'Aurillac, où il reste *iu* [1].

> Ex : rieu, *riéu*, riu, *riú* < rīvum ; nieu, niu < nīdum obrieu, obriu < aprīlem

ọ

L.V. ọ < L.C. ŏ

ọ non suivi d'une consonne palatale ou d'un *u* est resté ọ dans l'ancienne langue ; dans le dialecte d'Aurillac moderne il est resté ọ dans quelques mots, et est devenu *uọ*, (écrit *ouo*), dans d'autres [2].

> Ex : obro, *ọ́bro* < opera ; rodo, *rọ́do* < rotam ;
> pouorto, *puọ́rto* < portam ; mouol, *muọ́l* < mollem ;
> pouode, *puọ́de* < *poto (pour *possum*) ; pouont, *puọ̃* < pontem ; ocouo, *okuọ́* < *accu hoc

ọ suivi d'une consonne palatale devient *üẹ* en passant par *üọ*.

> Ex : fuelho, *füẹ́lo* < fŏliam ; puet, *püẹ́t* < pŏdium

Dans les composés dempici, despiei, desempiei, pŏstius est devenu puos, puis pici, *piẹ́i* : l's final est devenu *i* et l'*ü* est évidemment devenu *i* sous l'influence de l'*i* final.

ọ suivi d'un *u* devient *iọ* en passant par *üọ*, dont l'*ü* s'est dissimilé de l'*u* suivant.

> Ex : iòu, *iọ́u* < *ŏvum ; biòu, *biọ́u* < bovem ; niòu, *niọ́u* < novum

Dans nau < nŏvem, l'ọ semble avoir formé une diphthongue avec la labiale suivante et cette diphthongue *ou* se serait développée en *au* [3].

---

1. On trouve *iu* chez Vermenouze.

2. Devant une nasale simple ou palatalisée, ọ semble s'être fermé en ọ : ome, *ọ́me* < hominem ; lon, *lọ̃* < lonh < longe. Somnum donne son, *sọ̃*. Bonum donne bou, *bu*, probablement parce qu'employé comme atone dans de telles locutions que *lou bou hi*.

3. Ce phénomène n'est pas régulier dans le dialecte d'Aurillac : mais il l'est dans d'autres dialectes. On trouve dans une charte aurillacoise de 1379 :

« L'an de nostro seignor mil tres cens septanta *nou* », mais plus loin dans la même charte :

« Aysso fo fa lo vingt et *nau* jorn del mes d'aout. » (Gustave Saige et le Comte

ǫ suivi de *c* devient *iǫ*, sans doute en passant par *üǫ*.

Ex : fioc, *fiǫt* < fŏcum ; lioc, *liǫt* < lŏcum ; jioc, *džiǫt* < jocum

Cordem donne cur, *kür* [1].

ǫ

L.V. ǫ < **L.C.** ō, ü
ǫ donne *u* (écrit *ou*).

Ex : courre, *küre* < cŭrrere ; lou, *lu* < (il) lŭm

Glorio < glōriam est une forme savante.
Boues, *buęž* < vōcem semble avoir été emprunté au français au moment où *voix* se prononçait *vuęs*.

ų

L.V. ų < **L.C.** ū
u donne *ü*.

Ex : pus, *püž* < plūs ; segur, *segür* < secūrum

au

L.V. au < **L.C.** au
au reste *au*.

Ex : pau < paucum ; causo, *káuzo* < causam

Or < aurum est français.
*Habunt (pour habent), *faunt (pour faciunt), et *vaunt (pour vadunt), ont donné òu, *ǫu*, fòu, *fǫu*, et bòu, *bǫu*, en passant par au, fau, bau. Le passage de *au* à *òu*, c'est-à-dire, de la diphthongue tonique à la diphthongue atone, a dû commencer par òu < au < *haunt, qui, employé comme verbe auxiliaire, serait atone dans la phrase. Puis, par l'analogie de òu, fau et bau seraient devenus fòu et bòu. D'autre part, la première personne du singulier de l'indicatif, vado, donne régulièrement bau.

de Dienne, *Documents relatifs à la Vicomté de Carlat*, Imprimerie de Monaco, MDCCCC, tome I, pp. 284, 5).
1. Emprunté à un autre dialecte où ce phénomène est régulier.

II. — Voyelles atones.

En général, quand les voyelles ne portent pas l'accent tonique, *a* devient *ǫ* ; *ẹ* et *ę̇*, ont une prononciation moyenne, mais jamais le son de l'*e* muet en français ; *ǫ* et *ọ* deviennent *u* ; *i* et *u* donnent *i* et *ü*, comme sous l'accent ; *au* devient *ọu*, et *ai* devient *ei*.

1) Première syllabe.

a donne *ǫ*.

> Ex : dobon, *dǫbõ* < de ab ante ; omour, *ǫmür* < amorem

ẹ, *ę* donnent *e*.

> Ex : deber, *debẹr* < dēbēre ; leba, *lebá* < lĕvāre

Dans les verbes domonda < demandare, croma < cremare, trombla < tremulare, l'*e* initial est devenu *o* probablement sous l'influence de la labiale suivante ; par l'analogie des formes où l'*e* est atone, les formes des verbes croma, trombla, qui sont accentuées sur le radical, ont *o* au lieu de *e*.

> Ex : cromo, *krómo* < cremat ; tromblo, *trõmblo* < tremu-
> lat

Les formes telles que rondre, pour rendre, sont dues à l'influence du français.

Dans les cas où l'*n* du préfixe en- < in- est tombé, *ę* est devenu tantôt *e*, tantôt *i*.

> Ex : efou, *efõ* < infantem ; ebejo, *ebẹdžo* < invidiam ;
> ifer, *ifẹr* < infernum ; ifla, *iflá* < inflare

i donne *i*.

> Ex : finido, *finído* < finītam

ǫ, *ọ*, donnent *u*.

> Ex : souben, *subẹ̄* < sŭbinde ; oustau, *ustáu* < hŏspita-
> lem

Les verbes durmi, durbi ont *ü* au lieu de *u* aux formes non accentuées sur le radical, peut-être sous l'influence des formes accentuées sur le radical.

> Ex : durmi, *dürmí* < dŏrmire, par l'analogie de duer, *düę́r* [1] < dŏrmit ; durbi, *dürbí* < de óperire

ų donne *ü*.

> Ex : lusent, *lüž̌ê* < lūcentem

au donne *ou*.

> Ex : ousel, *oužél* < avicellum

ai donne *ei*.

> Ex : deissa, *deisá* < laxāre ; beila, *beilá* < *bajulāre

Einado, *einádo* < antenatam montre, comme le verbe eima, l'influence du français.

Certains développements non phonétiques sont dus à un changement de préfixe.

> Ex : prioun, *priü* < prefundum (pour profundum) ; escur *eskür* < excūrum (pour obscūrum)

2) Dernière syllabe.

En général, dans la dernière syllabe, les voyelles tombent, à l'exception de *a*.

> Ex : po < panem ; mo < manum

a donne *ǫ*.

> Ex : bido, *bídǫ* < vitam ; plono, *plǫ́nǫ* < planam

A la troisième personne du pluriel, la terminaison -ant, partout où elle se trouve, a été remplacée par la terminaison -unt, qui a donné -on, puis -u (écrit ou).

> Ex : èrou, *ę́ru* < ĕrant ; contou, *kõntu* < cantant

Quand, de la chute de la voyelle, il aurait résulté un groupe de

---

1. Il semble que l'*i* de la première personne du singulier, dormio, ait causé la diphthongaison de l'*o* en *üę*, et que *üę* soit passée ensuite aux 2e et 3e personnes du singulier, et à la 3e personne du pluriel.

consonnes difficiles ou impossibles à prononcer, la voyelle est restée
à l'état de *e*, comme voyelle d'appui [1].

> Ex : estre, *éstre* < *èssère ; maire < *madre < matrem ;
> tromble < tremulo

Par l'analogie des formes de la première personne du singulier
de l'indicatif, où la voyelle finale est restée comme voyelle d'appui,
tous les verbes prennent un *e* comme terminaison de la première
personne du singulier, sauf au futur et au conditionnel, et quand la
terminaison est immédiatement précédée de la voyelle tonique,
comme dans la forme bau < vado [2].

> Ex : domondabe, *domondábe* < demandabo ; foguère, *fogére*
> < *facueram

3) Syllabe protonique, non initiale

Dans la syllabe protonique, non initiale, les voyelles tombent à
l'exception d'*a*.

> Ex : corgado, *korgádo* < *carricatam

Les verbes en -i < -īre gardent la voyelle protonique au futur et
au conditionnel, par l'analogie de l'infinitif.

> Ex : sourtiro, *surtiró* < sortire *at [3].

a donne *ǫ* [4].

> Ex : morgorido, *mǫrgǫrídǫ* < margaritam ; eimoren, *eimǫrẹ*
> < amare *ēmus

4) Syllabe pénultième.

Dans la syllabe pénultième, la voyelle était souvent tombée en
latin vulgaire, surtout entre deux consonnes dont la première
labiale, ou dont l'une liquide.

> Ex : *av(i)cam, cal(i)dum, pop(u)lum, qui ont donné
> auco, cau, pouople.

---

1. Après dž et tš, on trouve *i* à côté de *e*, comme voyelle d'appui : guetchis, à
côté de guetches ; toutchi, rougi.
2. Pour la terminaison -es de la 2ᵉ pers. sing., voir Morphologie, obs. gén. (2).
3. Mais *venire *at* fait *bendro*, par l'analogie de *tendro*.
4. Mais *a* tombe dans cornel < calamellum, croumpa < comparare.

Les voyelles qui n'étaient pas tombées en latin vulgaire sont tombées dans le dialecte d'Aurillac.

Ex : estre, < *ĕssĕre ; taulo < tabulam

Certains proparoxytons ont gardé la voyelle de la pénultième quand elle était précédée d'une consonne + c', de *ks*, ou d'*s*, ou bien quand elle se trouvait entre une consonne labiale et une consonne dentale ; elle est restée à l'état de *e*.

Ex : naisse, *náise* < nascĕre ; fraisse, *fráise* < fraxĭnum ; asc, *áẓe* < asĭnum ; ome, *óme* < hŏminem [1].

CONSONNES

OBSERVATIONS GÉNÉRALES.

En passant dans le latin vulgaire, les consonnes du latin classique ont subi certains changements [2].

b intervocalique et v sont devenus β.

n suivi de f, j, s, v, est tombé, sauf dans les préfixes con- et in ; encore, si le préfixe n'était pas considéré comme tel, l'*n* est tombé. Après la chute de l'*n*, la voyelle suivante, si elle était brève, est devenue longue.

gu, qu, se sont réduits à *g*, *c*, devant *o*, *u*, et devant *a* dans la région qui nous concerne.

r suivi d'*s* est devenu *s* dans deorsum, sursum, versus (préposition).

s suivi d'une consonne à l'initiale a pris un *e* prosthétique.

x(ks) est devenu *s* devant une consonne ou à la fin d'une polysyllabe.

Nasalisation : m, n, appuyés, à l'intérieur d'un mot, nasalisent la voyelle précédente. Suivis d'une dentale, m, n, prennent l'articulation de *n* ; suivis d'une labiale, ils prennent l'articulation de *m*. En finale, m, n, suivis d'un mot qui commence par une consonne, sont traités comme m, n, appuyés, à l'intérieur d'un mot [3].

---

1. Mais feminam donne fenno, *fĕno* avec chute de la voyelle de la pénultième.
2. Voir Grandgent, *op. cit.*, pp. 37 s.
3. En finale absolue, la voyelle nasalisée est souvent suivie d'un *n* plus ou moins faible ; cet *n* se fait moins entendre dans -ŏ, que dans -ĕ, -i, -ŭ, -ü.

Ex : couonto, *kuõnto* < comp(u)tat
moun deber, *mũndebér* ; noun pas, *nũmpá*

Liaison : l's final du latin, même quand il est tombé en roman devant un mot qui commence par une consonne, se fait presque toujours sentir en liaison, où il s'adoucit en *z̧*.

Ex : de tems en tems, *detẹ̃z̧ẽntẹ̃*

Entre la préposition o < ad et un mot qui commence par o, un *n* de liaison s'est introduit.

Ex : o-n-oquel < ad *accu illum

I. — Consonnes initiales.

1) Consonnes initiales simples.

b, d, f, l, m, n, p, r, s, t, ne changent pas.

Ex : biou, *biọu* < bovem ; dire, *díre* < dicere ; fa < *fare ; lon, *lõ* < longe ; maire, *máire* < matrem ; nas, *naz̧* < nasum ; paure, *páure* < pauperem ; rieu, *riéu* < rivum ; soulel, *sulél* < soliculum ; terro, *tẹ́ro* < terram

β devient *b*.

Ex : bi < vinum ; baco, *báco* < vaccam

c, g, suivis de *a*, *o*, *u*, ne changent pas.

Ex : caudo, *káudo* < calidam ; coutel, *kutél* < cultellum ; gal, *gal* < gallum ; goustous, *gustáu̧z̧* < gustosum

Tchobal, *tšobál* < caballum est français.
c' devient *s*.

Ex : cieu, *siẹ́u* < caelum ; cilho, *sílo* < cilia

y, provenant de di, g', i, j, z, devient *dz̧* (écrit j, tj) [1].

Ex : jour, *dz̧ur* < diurnum ; jola, *dz̧olá* < gelare ; jaire, *dz̧áire* < jacere ; jolous, *dz̧olúz̧* < *zelosum

---

1. Dans la partie sud de l'arrondissement d'Aurillac, *y* devient dži̧ (écrit gi, ji). Vermenouze emploie les formes avec dži̧.

2) Groupes de consonnes initiales.

qu, gu, devant *e*, *i*, se réduisent à *k*, *g* [1].

Ex : querre, *kḗre* < quaerere ; guerro, *géro* < wërra.

Les autres groupes ne changent pas.

II. — Consonnes médiales.

Observations générales.

Toute consonne palatalisée, devenue finale, perd sa palatalisation.

Ex : puech, *püę́ᵗ* < podium ; soulel, *sulél* < soulelh < soliculum

C, cc, p. t, devenus finals, donnent *ᵗ*, ainsi que les sons tš (écrit ch) et dž (écrit g) qui se trouvent dans l'ancienne langue [2].

Ex : crout, *krúᵗ* < crucem ; det, *déᵗ* < decem ; set, *séᵗ* < siccum ; lout, *lúᵗ* < lupum ; sat, *sáᵗ* < sapit ; nuet, *nüę́ᵗ* < nuech < noctem ; puet, *püę́ᵗ* < podium ; fret, *fréᵗ* < freg < *frĭgidum

Omi, à côte de omit < amicum, est dû à l'influence du français. Boues, *buę́ᵹ* < vocem est un emprunt fait au français.
Nouse, *nǘᵹe* < nucem n'est pas régulier ; la forme a dû être empruntée à un autre dialecte méridional.

1) Consonnes médiales simples.

β, sauf quand il est suivi de *o*, *u*, devient *b* [3].

Ex : deber, *debér* < debere ; leba, *lebá* < levare

---

1. qu, gu, devant a, o, u, s'étaient déjà réduits à *k*, *g*, en latin vulgaire (voir consonnes : observations générales) : qualem > cau.

2. La consonne devenue finale se serait affaiblie et aurait été assimilée ensuite au *ᵗ* des participes passés et des nombreux diminutifs en -et, -ot.

Dans la prononciation emphatique, ce *ᵗ* devient un véritable t. La lettre étymologique s'est maintenue dans les locutions : de cap en cimo, pauc ou prou, etc.

3. Dans les chartes du XIVᵉ et du XVᵉ siècles, le son provenant du *v* et du *b* latins, à l'initiale ou intervocalique, s'écrit le plus souvent *v*, mais parfois *b*. On trouve dans une charte de 1379 : «... per deguna causa del mon, qual que sia,

β, suivi de *o, u*, tombe.

Ex : òu, *óu* < *habunt ; estiu, *estiú* < aestivum

Quand β suit immédiatement la voyelle tonique, et est suivi immédiatement d'une voyelle qui tombe, il se vocalise en *u* et forme avec la voyelle tonique une diphthongue ou une triphthongue [1].

Ex : biòu, *bióu* < bovem ; clau, *klau* < clavem

Suivi immédiatement d'une liquide, après la chute de la voyelle de la pénultième, β est devenu *u*.

Ex : beure, *béure* < bibere ; biure, *biúrè* < vivere ; taulo, *táulo* < tabulam

c. Voir g [2].

c' devient *z*, sauf en finale où il devient *t*.

Ex : luzi, *lüzi* < *lucire ; plose, *plozé* < placēre ; crout, *krut* < crucem

Suivi immédiatement d'une liquide, après la chute de la voyelle de la pénultième, *c'* s'est vocalisé en *i*.

Ex : jaire, *džáire* < jacere ; deime, *déime* < decimum

d devient *z* dans certains mots ; dans d'autres, d tombe.

Ex : ousi, *ouzí* < audire ; olauso, *oláuzo* < alaudam ; fia, *fiá* < fidare.

Nut, *nüt* < nudum a été refait sur le modèle des participes passés en -ut.

Suivi immédiatement d'une liquide, après la chute de la voyelle de la pénultième, d devient *i*.

Ex : creire, *kréire* < credēre

ni se *endevengua*... ni per causa del mon que se pusca *endebeni*,... per causa del mon qual que sia que *abengua*. » (Comte de Dienne, *op. cit.*, tome I, pp. 284, 5) et dans une charte de 1152 : « tot lodit *vi* », « 1 botelha de *by* » ; « se dizia que *abia* gron enpedemia », « coma *avian* acostumat ». (Esquer, *op. cit.*, pp. 443, 4).

Il semble probable que l'on disait déjà *b*, même quand on écrivait *v*.

1. Dans les mots tels que *estiu* < aestivum, *biu* < vivum, il est difficile de savoir si le *v* est tombé devant le *u* suivant, ou bien si le *u* est tombé, laissant le *v* se vocaliser en *u*.

2. C simple intervocalique est devenu *g* de bonne heure, et s'est développé comme *g* primitif (Cf. Grandgent, *op. cit.*, p. 48).

d devenu final tombe.

Ex : pe, *pę* < pĕdem ; fe, *fę* < fidem

Pourtant gas, *gaz* < vadum et morces, *morséz* < mercedem ont gardé le *z* provenant du *d* intervocalique [1].

f tombe.

Ex : prioun, *priũ* < *prefundum

g (provenant de *c* intervocalique ou de *g*), suivi de *a, o, u,* ne change pas.

Ex : prega, *pregá* < precare ; segur, *segûr* < securum

g est tombé dans les mots ieu < ego (mais ego était déjà eo en latin vulgaire) et fau < fagum.

Le suffixe -aticum a donné -adže (écrit -atge).

Ex : couratge, *kurádže* < *coraticum ; viatge, *viádže* < viaticum

g devenu final donne [1] [2].

Ex : pat, *pa^t* < pacem ; fiot, *fię^t* < focum

g' Voir *y*.

l qui est resté intervocalique ne change pas [3].

Ex : colour, *kolúr* < calorem ; alo, *álo* < alam

l, devenu final ou suivi d'une consonne, se vocalise en *u*, le plus souvent, mais est resté *l* dans miol < mulum ; gropal < grapaldum ; Guiral < Geraldum ; rinal < renaldum ; cal < calcem.

Ex : mau < malum ; caudo, *káudo* < calidam ; naut < altum

m qui est resté intervocalique ne change pas.

Ex : omour, *omúr* < amorem ; ome, *óme* < hominem

---

1. Les exemples de *d* intervocalique devenu final sont trop peu nombreux pour en tirer une règle générale. Dans criou, *kriu* < crudum, niou, *niu* < nidum, le *d* a disparu. Dans certaines formes verbales le *d* semble avoir passé à *z*, puis à *i* : crei < crede, rei < ride. Ce développement n'aurait rien d'irrégulier (voir *s* médial devenu final).

2. *Paucum* a donné *pau*. Pourtant le *c* s'est maintenu dans l'expression *pauc-ou-prou*, ainsi que dans *auco* < *avicam.

3. Dans lire < lilium, cornel < calamellum, *l* est devenu *r* par dissimilation. Vermenouze emploie souguel à côté de soulel.

m devenu final nasalise la voyelle précédente.

Ex : lum, *lũ* < lumen ; noum, *nũ* < nomen

n qui est resté intervocalique ne change pas.

Ex : ona, *oná* < *anare ? ; luno, *lũno* < lunam

n devenu final tombe le plus souvent, notamment dans les diminutifs en –ou < -ōnem [1], dans la plupart des mots en -i < -inum, dans be < bene et ses composés.

Ex : efontou, *efõntú* < infantōnem ; comi, *comi* < caminum ; obe, *obé* < hoc bene ; mo < manum

Dans un, degun, et dans quelques autres mots, l'*n* a nasalisé, en tombant, la voyelle précédente.

Ex : un, *ũ* < unum ; soun, *sũ* < sonum

p devient *b*, sauf en finale où il devient [illegible].

Ex : trobal, *trobál* < *trapalium ; sobeire, *sobéirε* < *sapère ; lout, *lu[illegible]* < lupum

r qui est resté intervocalique ne change pas.

Ex : dura, *diùrá*, < durare ; caro, *káro* < caram

r devenu final est tombé, sauf dans les mots en –our provenant du suffixe latin -ōrem (le suffixe latin -torem ne rentre pas dans cette catégorie), dans les mots où l'*r* est précédé d'un *u* tonique [2] et dans la plupart des monosyllabes [3].

Ex : eima, *eimá*, < amare ; pecodou, *pekodú* < peccatorem ; colour, *kolúr* < calorem ; segur, *segũr* < securum ; ser, *sεr* < serum

r devient *l* dans quelques mots par dissimilation.

Ex : olaire, *oláire* < aratrum

s devient *ʒ*.

Ex : causo, *káuso* < causam ; fresat, *freʒál* < frisatum

---

1. Suffixe augmentatif à l'origine.

2. Ce sont pour la plupart des mots empruntés au français, comme letur (lecteur), omperur (empereur).

3. Ober < habère, sober < *sapère, pouder < *potère, deber < debère, ont gardé l'*r* final ; mais ce ne sont pas les formes les plus usuelles. Pouder, deber ne s'emploient que comme substantifs.

t devient *d*.

> Ex : pecodou, *pekodú* < peccatorem ; eimado, *eimádo* < amatam

Suivi immédiatement d'un *r*, après la chute de la voyelle de la finale, *t* devient *i̯*.

> Ex : louraire, *lurái̯re* < laborator

y provenant de di, g', gi, j, z, devient *dž* (écrit j, tj), sauf devant *i* tonique.

> Ex : cbetjo, *ebédžo* < invidiam ; roja, *rodžá* < radiare ; essatjo, *esádžo* < *exagiat ; courrejo, *kurédžo* < corrigiam ; dijieu, *didžiéu* < dië Jovis ; boteja, *botedžá* < baptizare

y tombe devant *i* tonique.

> Ex : reino, *réi̯no* < *rei̯no < reginam

Suivi immédiatement d'une consonne, après la chute de la voyelle atone suivante, *y* devient *i̯*.

> Ex : meitat, *mei̯tát* < medietatem ; beila, *bei̯lá* < *baju-
> lare

y devenu final donne *i̯* [1].

> Ex : rai < radium ; rei < regem ; uci, *üéi̯* < hodie

2) Groupes de consonnes médiales.

a) Consonnes doubles.

Les consonnes doubles se simplifient ; si la consonne simple qui en résulte est sourde, elle reste telle.

> . Ex : pecodou, *pekodú* < peccatorem ; bel < bellum ; obat, *obát* < abbatem ; terro, *téro* < terram.

nn devenu final tombe en nasalisant la voyelle précédente.

> Ex : on, *õ* < annum

---

1. Mais podium, medium ont donné puech, *püétš*, miech, *miétš*, puis puet, *püéit*, miet, *miéit*.

Dans les groupes de trois consonnes, les consonnes doubles se simplifient également.

> Ex : metre, *métre* < mittere

b) Groupes de consonnes qui se terminent en *l*.

bl perd sa sonorité et se confond avec *pl* [1].

> Ex : ouplido, *uplido* < *oblitat ; douple, *dúple* < duplum

βl est devenu *ul* [2].

> Ex : taulo, *táulo* < tabulam ; poraulo, *poráulo* < para-
> bolam

cl, gl, et tl, qui était déjà devenu *cl* dans les mots vraiment populaires du latin vulgaire, deviennent *l*, qui devenu final perd sa palatalisation.

> Ex : bilho, *bílo* < vigilat ; bielho, *biẹlo* < *veclam < vetu-
> lam ; uel, *üẹl* < uelh < oculum

ml devient *mbl*.

> Ex : semblo, *sémblo* < simulat ; tromblo, *trõmblo* < tre-
> mulat

rl ne change pas.

> Ex : porla, *porlá* < *paraulare

Les groupes de trois consonnes ne changent pas.

> Ex : mascles, *máskle* < masculos

c) Groupes de consonnes qui se terminent en *r*.

br ne change pas.

> Ex : fabre, *fábre* < fabrum : otobre, *otóbre* < octobrem

βr donne *ur*.

> Ex : beure, *béure* < bibere

---

1. Voir plus haut, la discussion de la loi de la tendance vers la sourde.
2. Mais nebulam donne neplo.

cr est devenu *gr*.

> Ex : agre, *ágre* < acrem ; gremo, *grémo* < lacrimam (on a compris *lo gremo* au lieu de *logremo*)

dr est devenu *ir*.

> Ex : creire, *kréire* < credere

gr est devenu *ir*.

> Ex : entieiro, *ĕntiéiro* < integram ; fleira, *fleirá* < flagrare

Negre < nĭgrum est savant ; poresso < pigritiam est français.

Ir devient *ŋdr* en passant par *ldr*.

> Ex : boudrio, *budrió* < *volere *eat [1]

mr devient *mbr*.

> Ex : noumbre, *nŭmbre* < numerum

nr reste *nr* ou devient *ndr*, peut-être sous l'influence du français.

> Ex : cenre, *sénre* < cinerem ; ginre, *džénre* < generem ; dibendre, *dibĕndre* < diē veneris ; bendro, *bĕndró* < venire *at

pr devient *br* [2].

> Ex : obro, *ǫbro* < opera ; cabro, *kábro* < capram

sr devient *str*.

> Ex : estre, *éstre* < *essĕre

tr devient *ir*, sauf au futur des verbes en -tre, où il ne change pas.

> Ex : maire, *máire* < matrem ; peiro, *péiro* < petram; metro *metró* < mittere *at

*potere *at donne pourro, *puró*, peut-être sous l'influence du français.

Les groupes de trois consonnes ne changent pas.

> Ex : dintra, *dīntrá* < de intrare

Arborem est devenu albre, avec dissimilation du premier *r* en *l* ;

---

1. On trouve également *bourio*, sans *d*.
2. Mais pauperem > paure.

puis l'*l* s'est vocalisé en *u* qui s'est assimilé le *b* suivant, d'où aure.

Prehendere donne penre, avec chute du premier *r* par dissimilation [1].

d) Groupes qui se terminent en *y*.

by ne change pas.

Ex : combia, *kōmbiá* < cambiare

Dans rougi, *rúdži* < rubeum, le dž est probablement dû à l'influence du français.

ly devient *l*, qui perd sa palatalisation en finale.

Ex : filho, *filo* < filiam ; fil, *fil* < filium

nty devient *ns*.

Ex : consou, *kōnsú* < cantionem

ny devient *ñ* qui devenu final perd sa palatalisation et tombe en nasalisant la voyelle précédente.

Ex : pougno, *púño* < pugnam ; jun, *džū̃* < junium

pty devient *s* en passant par *ts*.

Ex : cossa, *kosá* < *captiare ; nossos, *nósos* < *noptias

rny devient *rñ*.

Ex : Oubergno, *pubérño* < Alverniam

rty devient *rs* en passant par *rts*.

Ex : fouorso, *fuórso* < fortiam

ry devient *ir* quand il reste médial, *r* en finale.

Ex : escleira, *escleirá* < *exclariare ; fièiro, *fięiro* < *feriam ; cuèr, *küęr* < córium

scy devient *s*.

Ex : faisso, *fáiso* < fasciam

tty devient *s*.

Ex : plasso, *pláso* < *platteam

---

1. La forme prendre est due à l'influence du français.
L'École auvergnate.   6

e) Groupes qui se terminent en *u*.

ßu, du, cu, qu, deviennent *g* en passant par *gu*.

Ex : òuguèt, *ougę́ᵗ* < habuit ; beguèt, *begę́ᵗ* < *viduit ; foguère, *fogę́re* < *facueram [1] ; ego, *égo* < equam

ccu devient *k* [2].

Ex : oqueste, *okę́ste* < *accu istum

lu devient *ug* en passant par *lg*.

Ex : bouguèsso, *bugę́so* < voluisset [3].

nu devient ng.

Ex : benguèt, *bengę́ᵗ* < *venuit

f) Autres groupes.

Dans les groupes lb, ld, ls, *l* s'est vocalisé en *u*

Ex : aubo, *áubo* < albam ; caudo, *káudo* < calidam ; dous, *duz* < dulcem

mb, mp, restés intervocaliques, ne changent pas ; devenus finals, ils se réduisent à *m*, qui tombe en nasalisant la voyelle précédente.

Ex : combo, *kõmbo* < gambam ; lompa, *lõmpá* < *lampare ; ploumb, *plũ* < plumbum ; tems, *tę̃* < tempus

mn devient ῾nn qui se simplifie en *n*.

Ex : fenno, *fę́no* < feminam

nc, nt, nd, qui sont restés intervocaliques, ne changent pas.

Ex : blonco, *blõnko* < blank + am ; senti, *sènti* < sentire ; grondo, *grõndo* < *grandam

---

1. Pour l'explication de l'accent et de l'*e* ouvert, voir Morphologie, verbes, prétérit.
2. Mais eccu illum donne guel, *gęl*.
3. Pour l'explication de l'*e* ouvert, voir Morphologie, verbes, observations générales (6).

nc, nt, nd, devenus finals se réduisent à *n*, qui tombe en nasalisant la voyelle précédente.

Ex : blon, *blõ* < blank + um ; efon, *efõ* < infantem ; gron, *grõ* < grandem

rc, rg ne changent pas.

Ex : cerca, *serká* < circare ; largo, *lárgo* < largam

rd, rn, rt, restés intervocaliques, ne changent pas.

Ex : perdut, *perdüt* < *perdutum ; tourna, *turná* < tornare ; fouorto, *fuórto* < *fortam

rd, rn, rt, devenus finals, se réduisent à *r*.

Ex : ber < viridem ; iber, *ibér* < hibernum ; fouor, *fuór* < fortem

sc, sp, st, ne changent pas [1].

Ex : pescaire, *peskáire* < pescator ; espero, *espéro* < sperat ; triste, *triste* < tristem

sc' devient *is*.

Ex : naisse, *náise* < nascere ; paisse, *páise* < pascere

ǧc, ǧc' deviennent *uc, us*.

Ex : auco, *áuko* < *avicam ; oucel, *pusél* < avicellum

cc' devient *is*.

Ex : cici, *eisí* < ecc'hic

c'm devient *im*.

Ex : deime, *déime* < decimum

ct, resté intervocalique, devient *tš*.

Ex : frucho, *frütšo* < *fructam

ct, devenu final, devient *t* en passant par *tš*.

Ex : lat, *lat* < lactem ; nuet, *nüét* < noctem

---

1. Devant l'accent tonique, et surtout dans le groupe *sc*, *s* tend, comme en finale, à se palataliser. On entend ešküto, (*escouto*), eškláire, (*esclaire*) ; le son palatalisé est très affaibli.

gn devient *ñ*.

> Ex : ognel, *oñél* < agnellum

x devient *is*.

> Ex : deissa, *deisá* < laxare

pt devient *t*.

> Ex : boteja, *botedžá* < baptizare

ts devient *ts*.

> Ex : toutchi, *tütši* < *totses (pour totos) [1] ; oquetches, *okeíše* < *aquetses (pour aquestos < *accu istos)

III. — Consonnes finales.

1) Consonnes finales simples.

c tombe.

> Ex : eici, *eisi* < ecc'hic ; oquo, *okuǫ* < *accu hoc

Dans lai < (il) lac, le *c* est devenu *i*.
d tombe.

> Ex : o < ad

m, n tombent sans laisser de trace dans les polysyllabes.

> Ex : lum, *lũ* < lumen ; maire < matrem

Dans les monosyllabes, m, n sont tombés en nasalisant le plus souvent la voyelle précédente [2].

> Ex : soun, *sũ* < *sum < suum

Non donne nou, *nu* employé seul, noun, *nũ* employé dans une phrase.
r reste.

> Ex : per < per ; louraire, *luráire* < laborator

Devant un mot qui commence par une voyelle, s devient *z*.

> Ex : de tems en tems, *detĕzĕtĕ*

---

1. On trouve également la forme *toutes*. Untchis < *untses < unsses se trouve à côté de la forme *unsses*.
2. Mais jam donne ja, *džá*.

Devant un mot qui commence par une consonne :

s, signe du pluriel des noms, des pronoms, et des adjectifs masculins, tombe [1].

Ex : òussels, *ousél* < avicellos ; biels, *biél* < *veclos

s, signe du pluriel de l'article défini masculin reste le plus souvent s ; pourtant il tend à s'amuir en *i*, comme dans l'article féminin, devant les consonnes autres que *c*, *p*, *t*.

Ex : les rots, *lesrót* ; os cobretaires, *oskobretáire* ; oi felibres, *oifelibre* ; pei bouos, *peibuós*

s, signe du pluriel des noms, des pronoms, des adjectifs [2] et de l'article défini féminins, et dans la terminaison -as de la seconde personne du singulier et du pluriel des verbes, reste s devant *c*, *p*, *t*, et devient *i* devant les autres consonnes.

Ex : los tufos toutos caudos ; lei duoi menetos ; fai-loi donsa ; ouriai dit ; ourias pa(s) dit; dirias que

s, dans la terminaison -es de la seconde personne, reste le plus souvent s, mais il tend à disparaître ; s tombe dans les mots : nous, bous, mai < magis ; s reste dans pus < plus ; s reste dans pas, devant *c*, *p*, *t*, et tombe devant les autres consonnes [3].

t tombe sauf à la troisième personne du singulier du prétérit.

Ex : aimo < amat ; òuguèt (= habuit)

2) Groupes finals.

nt tombe à la fin de la troisième personne du pluriel.

Ex : crou < *erunt (pour erant)

st se réduit à *s*.

Ex : es < est

---

1. On écrit le plus souvent l's étymologique du pluriel, même quand il ne se prononce pas.

2. Quand la forme fém. de l'adjectif est la même que la forme masculine, s ne se prononce pas.

3. S final est en train de s'amuir avant de disparaître complètement du dialecte d'Aurillac. On peut très bien remarquer les étapes successives : s, *χ*, *i*, puis disparition complète. Mais puisqu'on entend tantôt s, tantôt *χ*, ou bien tantôt *χ*, tantôt *i* (ainsi on entend dire par la même personne *pus paure* et *puχ paure*), il est impossible de donner de règles de prononciation absolues.

ts se réduit à s, qui s'amuit, dans certaines conditions, en *i* (voir
s final).

Ex : eimas < amatis.

MORPHOLOGIE

I. — Noms.

1) Cas.

Le dialecte d'Aurillac n'a qu'une forme pour tous les cas, celle
qui provient de l'accusatif latin.

Ex : paire < patrem ; mo < manum

Pourtant nous trouvons quelques restes du nominatif et du génitif latins : les nominatifs sont pour la plupart des noms qui désignent
des personnes.

Ex : louraire < laborator ; pastre < pastor ; sorr
< soror

Le génitif persiste dans les noms des jours de la semaine, sauf
dimanche, et dans rompan < ramum palmae.

Ex : dilun < die lunae ; dibendre < die veneris

2) Genre.

Les noms ont gardé, en général, le genre qu'ils avaient en latin,
avec quelques exceptions :

La plupart des noms neutres sont devenus masculins. Cependant,
la forme du pluriel de certains noms neutres appartenant à la
seconde déclinaison, et qui avaient au pluriel un sens collectif, s'est
confondue avec le singulier des féminins de la 1re déclinaison, et a
abouti à un féminin singulier, avec un nouveau pluriel. Ex : fuelho
< folia, avec un pluriel fuelhos ; obro < opera. A côté de la forme
féminine provenant du pluriel d'un neutre, il existe souvent une
forme masculine provenant du singulier du même mot. Ex : grono
< grana, gro < granum ; prado < prata, prat < pratum [1].

---

1. Le même phénomène s'est produit dans les autres langues romanes.

Les noms abstraits en -or, qui sont du masculin en latin, sont du féminin en dialecte d'Aurillac, comme en ancien provençal.

Ex : lo colour < illam calorem (pour *illum calorem*)

Quelques nouveaux féminins ont été créés sur le modèle du masculin, en ajoutant la terminaison -o < -am des féminins de la 1re déclinaison.

Ex : pastro, sur le modèle de pastre < pastor

3) Nombre.

S, signe du pluriel des noms, ne se prononce plus, dans les noms masculins, qu'en liaison, où il sonne z [1]. La distinction entre les deux nombres se fait au moyen de l'article. Les noms féminins ont gardé le son de l's du pluriel, son qui tend à se vocaliser en i [2].

II. — ADJECTIFS.

1) Cas, nombre : mêmes observations que pour les noms.

2) Genre.

Certains adjectifs de la troisième déclinaison latine, qui avaient la même forme pour le masculin et le féminin, ont distingué le féminin, en y ajoutant la terminaison -o < -am, de la 1re déclinaison.

Ex : tristo < trist(e) + o

Une différence de radical se produit entre le masculin et le féminin après la chute d'une consonne ou après la perte de la palatalisation ou de la sonorité d'une consonne, devenue finale dans la forme masculine.

Ex : *masc.* blon,   fi,   biel,   portit
     fém.   blonco,   fino,   bielho,   portido

3) Comparaison.

La comparaison se fait par *pus, lou pus.* Quelques comparatifs latins ont des dérivés en dialecte d'Aurillac : miel < melius ;

1. On garde l's dans l'orthographe, bien qu'il ne se prononce pas.
2. Voir Phonétique, s en finale.

milhour < meliorem ; mai < magis ; mins < minus; pus < plus. Pire est français.

4) Adjectifs numéraux.

a) Cardinaux.

Les adjectifs numéraux cardinaux sont : un, dous, tres, quatre, cin, sièis, set, uet, nau, det, ounze, doutche, tretche, quotorze, quinze, setche, dos-o-set, dos-o-uet, dos-o-nau, bint, trento, cronto, cinquonto, sièisonto, sièisonto-det, quatro-bint, quatro-bint-det, cen, milo [1].

Un se décline comme l'article indéfini. *Dous* a un féminin *duoi*.

b) Ordinaux.

Les adjectifs numéraux ordinaux sont : prumié (*fém.* : prumièiro), dousième (segound), tresième, etc.

III. — ARTICLES.

1) Article indéfini.

L'article indéfini provient du latin *unus*.

m. un
f. unǫ

2) Article défini.

L'article défini provient du latin *ille*, dont la première syllabe est tombée.

sing.	*plur.*
m. lou, l'	les, leis
f. lo, l'	los, lois, loi, leis

L'article masculin forme avec les prépositions o, *de, sus, per* [2], et *bos* les contractions suivantes : ol, del, sul, pel, bol, au singulier ; os, oi et eis, deis, suls et suis, pels et peis, au pluriel.

---

1. Les formes moins usitées, comme sièisonto-det, sont probablement dues à l'analogie du français.

2. *Per* = *par* ; *per*, qui veut dire *eu* ne se contracte pas.

Devant l'article féminin, l'*r* de *per* devient *l* par assimilation à l'*l* suivant : pel lo, pel los.

IV. — PRONOMS.

1) Pronoms personnels conjoints.

Les formes de la première et de la seconde personnes, et les formes réfléchies de la troisième personne, proviennent du pronom personnel latin.

	1re	2e	3e
sing.	me, m'	te, t'	se, s'
plur.	nous	bous	se, s'

Les formes de la troisième personne, non réfléchies, proviennent du pronom démonstratif latin, *ille*, sauf le génitif *en* < *inde* [1], et le nominatif et l'accusatif neutre [2].

	masc.	*fém.*	*neutre*
sing. *nom.*			(o)quo
gén.	en	en	en, n'en
dat.	li	li	li
acc.	lou, l'	lo, l'	jo, ço, zo
plur. *dat.*	lour	lour	
acc.	les	los, loi	

2) Pronoms personnels disjoints.

Il n'existe, en dialecte d'Aurillac, qu'une seule forme pour tous les cas du pronom disjoint. La forme de la première et de la seconde personnes du singulier provient du cas sujet latin : *ego, tu*. *Nautres, bautres*, sont des formes abrégées de *nous autres, bous autres*. Les formes de la troisième personne, sauf celle du masculin pluriel, proviennent de *eccu* + le pronom *ille*. *Guetches* semble dériver d'une forme *eccu istses* (pour *eccu istos*). *Oquo* vient de *accu hoc*. Il est à remarquer que, à l'exception de *ieu* et de *tu*, ce sont toutes des formes renforcées ; on ne trouve plus le pronom simple comme dans l'ancienne langue.

1. *En* s'emploie rarement au masculin et au féminin.

2. oquo < accu hoc : n'en semble être une forme composée de *ne* et de *en*, tous deux dérivés de *inde* : jo, ço, zo < ecce hoc .

	1re	2^e
sing.	ieu	tu
plur.	nautres	bautres

	3^e		
	masc.	*fém.*	*neutre*
sing.	guel	guelo	oquo, quo
plur.	guetches	guelos	

3) Pronoms possessifs.

Les formes atones du pronom possessif proviennent des formes réduites du pronom possessif latin : *tum* (pour *tuum*), *sum* (pour *suum*), et par analogie, *mum*. Les formes du pluriel du possesseur dérivent régulièrement du latin.

	sing. masc.	*fém.*	*plur.*
1re	moun	mo	nostre
	mous	mos	nostres
2^e	toun	to	bostre [1]
	tous	tos	bostres
3^e	soun	so	lour
	sous	sos	lours

Les formes toniques du pronom possessif au singulier proviennent du latin *meum*, et par analogie, *teum* et *seum* (pour *tuum* et *suum*); les formes du pluriel du possesseur sont les mêmes que les formes atones [2].

	sing. masc.	*fém.*
1re	mieu	mio
	mieus	mios

2e tieu, etc.

3e sieu, etc.

---

1. On trouve également la forme *bouostre*, où l'*o* ouvert s'est diphthongué.
2. Les formes toniques s'emploient rarement.

4) Pronoms démonstratifs.

Les pronoms démonstratifs sont *oquel* et *oqueste* (*quel*, *queste*), qui se déclinent comme *quel*. Le pronom neutre est *oquo*.

5) Pronoms interrogatifs.

Les pronoms interrogatifs sont *cau* et *que*. Cau $<$ qualem sert de pronom masculin et féminin cas sujet ; que $<$ quem, de pronom cas régime. Que $<$ quid sert de pronom neutre.

6) Pronoms relatifs.

Le pronom relatif est *que* (*qu'*). *Que* sert de pronom masculin, féminin et neutre, cas sujet et cas régime.

7) Indéfinis.

Les adjectifs indéfinis sont : autre $<$ alter ; cado $<$ kata ; chasco $<$ kata $+$ quisque ; fuorso $<$ fortia; maite (celtique *manti* ?) ; memo (français *même*) ; quauque $<$ qualem quem ; quite $<$ quietum ; quogni $<$ quanti ; tau $<$ talem ; tout $<$ totum ; unsses $<$ unos$+$es [1].

Les pronoms indéfinis sont : autre ; codun $<$ kata unum ; choscun $<$ kata $+$ quisque unum ; digus, digun $<$ nec unus, unum ; on $<$ homo ; quauquun $<$ qualem quem unum ; res $<$ rem $+$ s ; tau ; ticouon ; ton $<$ tantum ; tout ; unsses. Digus (digun), on, res, ticouon, ton sont invariables ; les autres se déclinent : autre, autro, autres, autros ; etc. Digus et res exprime la négation.

V. — Mots invariables.

1) Adverbes.

Les adverbes de temps et de lieu sont : aro [2], olero, enquero ; çai $<$ ecce hac ; lai $<$ (il) lac ; oti, ti $<$ accu hic ; li $<$ (il) li.

Quelques adverbes proviennent directement d'adverbes latins : be $<$ bene, mau $<$ male, lon $<$ longe ; d'autres sont dérivés d'ad-

1. Vermenouze emploie la forme du masculin pluriel *toutchi*, *untchi*, aussi bien que *loutes*, *unsses*. La forme *chasco* est empruntée à un autre dialecte ; le *ch* initial n'est pas régulier en dialecte d'Aurillac. *Quogni* a une forme féminine *quono*.

2. Cf. Grandgent, *op. cit.*, §33(3).

jectifs, soit au positif, soit au comparatif : ton < tantum, mai <
magis ; d'autres, de locutions adverbiales : obal < ad vallem,
omoun < ad montem.

Les adverbes de manière sont formés, le plus souvent, de l'adjectif
au féminin singulier et du suffixe -men, du latin mente, qui avait
déjà perdu en ancien provençal sa signification primitive.

Ex : belomen < bella mente

Les adverbes relatifs et interrogatifs sont : cossi < eccu sic ; ount,
oundoun < unde, unde + unde ; dount < de unde ; quond <
quando.

2) Prépositions.

Les prépositions sont dérivées :

1) directement de prépositions latines ;

Ex : o < ad ; de < de ; en < in ; per < per ; sons <
sine (et *sans*)

2) d'une combinaison de plusieurs prépositions ;

Ex : dobon < de ab ante ; dins < de intus ; dusquo,
endusquo < in de usque ad

3) d'adverbes ou d'adjectifs latins ;

Ex : sus < sursum ; jous < deorsum ; ombe < ambo

3) Conjonctions.

Les conjonctions sont dérivées :

1) directement de conjonctions latines ;

Ex : è < et ; se < si ; mès < magis (influence du français) ; car < quare

2) d'une combinaison de prépositions et de conjonctions.

Ex : per de que

VI. — VERBES.

Observations générales :

1) Par l'analogie des verbes qui ont une voyelle d'appui à la
1re personne du singulier du présent de l'indicatif (tremble < tremu-

lo, semble, etc.), tous les verbes, sauf quelques exceptions, ont pris une *e* à la 1re personne du présent de l'indicatif; et cet *e*, considéré comme désinence caractéristique de la 1re personne du singulier, est passé dans d'autres temps du verbe.

2) Par l'analogie de la 1re personne du singulier du présent de l'indicatif, et pour préserver une désinence caractéristique, la seconde personne du singulier du même temps a pris, comme voyelle de la désinence à toutes les conjugaisons, la voyelle *e*, qui est passé dans d'autres temps du verbe, notamment dans l'imparfait de l'indicatif de la 1re conjugaison, le prétérit et les deux temps du subjonctif.

3) S à la fin de la 1re personne du pluriel était déjà tombé en ancien provençal (cf. Grandgent, *op. cit.*, ‡167).

4) La désinence latine -ant a été remplacé, partout où elle se trouve, par -unt, qui donne en dialecte d'Aurillac -ou. Il ne faut pas confondre ce son simple ou (*u*) avec la diphthongue òu, provenant de *aut*.

5) A, voyelle caractéristique du radical ou de la désinence, reste *a* ou devient *o*, selon qu'il est tonique ou atone (párle, porlábe, párlo).

6) La voyelle caractéristique des désinences du prétérit et de l'imparfait du subjonctif (sauf celles de la 1re et de la 2e pers. plur.) est *e*, qui était déjà passé, en ancien provençal, des verbes dits faibles [1] de la 3e conjugaison aux verbes de la 1re conjugaison (Cf. Grandgent, *op. cit.*, ‡175 (3) (4), ‡186, ‡191), et qui est passé en dialecte d'Aurillac dans tous les autres verbes.

7) Les formes du verbe suivantes ont l'accent sur la dernière syllabe; les autres l'ont sur la pénultième: toutes les formes de la 1re et de la 2e pers. plur. ; *présent* : 3e pers. sing. du verbe inchoatif ; *imparfait* : toutes les formes, sauf les trois personnes du singulier et la 3e pers. plur. de la 1re conjugaison [2] ; *futur* et *conditionnel* : toutes les formes ; *prétérit* : 3e pers. sing. ; participe présent et passé ; infinitif (sauf des verbes en -*re*).

1) Conjugaisons :
La 1re et la 4e conjugaisons se sont maintenues en dialecte d'Au-

---

1. Les verbes faibles sont ceux dont la désinence du prétérit porte l'accent à toutes les personnes des deux nombres.

2. La diphthongue *io*, la diphthongue *òu*, et la triphthongue *iòu* ont l'accent sur l'o.

rillac ; elles ont donné la conjugaison en -a et celle en -i : cima <
amare ; porti < partire.

La 2ᶜ et la 3ᵉ conjugaisons se sont plus ou moins confondues,
sauf à l'infinitif. La plupart des verbes des deux conjugaisons ont
pris le parfait en -ui et le participe passé en -utum, caractéristiques
de certains verbes de la 2ᵉ conjugaison.

Plusieurs verbes sont passés d'une conjugaison à une autre :
debēre > *debēre > deure ; legēre > *legīre > ligi ; etc.

2) Futur et conditionnel :

Le futur est formé de l'infinitif [1] et des désinences provenant des
formes réduites du verbe *habeo* au présent de l'indicatif ; le conditionnel, de l'infinitif et des formes réduites de *habeo* à l'imparfait de
l'indicatif. L'*a* de l'infinitif de la 1ʳᵉ conjugaison, étant atone,
devient *o*. Les verbes en *-i* gardent l'*i* de l'infinitif, bien qu'atone
dans la syllabe pénultième, par l'analogie de l'infinitif.

Les désinences du futur sont : -ai, -as, -o, -en, -es, -òu, provenant des formes réduites : *aio, *as, *at, *emus, *etis, *aunt.

Les désinences du conditionnel sont : -io, -ios, -io, -ion, -ias,
-iòu [2], provenant de : eam, eas, eat, eamus, eatis, eaunt [3].

3) Présent de l'indicatif :

Le présent de l'indicatif est formé du radical présent et des désinences suivantes :

1ʳᵉ conjugaison : -e, -es, -o, -on, -as, -ou. *1ʳᵉ pers. sing.* : observations générales (1). *2ᵉ pers. sing.* : obs. gén. (2). *3ᵉ pers. plur.* :
obs. gén. (4).

Autres conjugaisons : -e, -es, -, -on, -es, -ou. *1ʳᵉ pers. sing.* obs.
gén. (1) ; *obeire, estre, faire,* et *ona* font exception, et ont à la 1ʳᵉ pers.
sing. *ai, soui, fau, bau.* *2ᵉ pers. sing.* : obs. gén. (2). *3ᵉ pers. sing.* : la
terminaison latine *-et* ou *-it* tombe, de sorte qu'il n'y a pas de terminaison propre à la 3ᵉ pers. sing. *1ʳᵉ pers. plur.* : -on, par l'analogie
des verbes de la 1ʳᵉ conjugaison et de son < sumus.

Les verbes inchoatifs de la 4ᵉ conjugaison ajoutent -iss < -isc au
radical présent.

---

1. Le futur et le conditionnel gardent l'*r* étymologique de l'infinitif qui ne se
prononce plus quand l'infinitif s'emploie seul.

2. Aux trois personnes du singulier et à la 3ᵉ pers. plur. l'accent était à l'origine sur l'*i* (cf. Grandgent, *op. cit.*, ≤153) : l'*a* final, étant atone, est devenu *o* :
puis l'accent a passé à la dernière syllabe, probablement par l'analogie de la 1ʳᵉ et
de la 2ᵉ pers. plur.

3. Pour eant, probablement par l'analogie du futur. Cf. obs. gén. (4).

4) Imparfait de l'indicatif :

L'imparfait de l'indicatif est formé du radical présent et des désinences suivantes :

1re conjugaison : -abe, -abes, -abo, -osion, -osias, -abou. *1re et 2e pers. sing.* : *e* n'est pas seulement ici la voyelle caractéristique de la désinence ; il sert aussi à préserver le *-ab* caractéristique de l'imparfait. *1re et 2e pers. plur.* : -osion, -osias, peut-être par l'analogie de *fosion, fosias* (faire). A côté de *faire*, il existe l'infinitif *fa*, qui semblerait faire rentrer ce verbe dans la 1re conjugaison. *3e pers. plur.* : obs. gén. (4).

Autres conjugaisons : mêmes désinences qu'au conditionnel.

5) Prétérit :

Le prétérit est formé du radical passé et des désinences suivantes : -ère, -ères, èt, -orion, -orias, -èrou.

a) Désinences.

Les désinences de la 1re, de la 2e pers. sing. et de la 3e pers. plur. semblent dériver des désinences du plus-que-parfait latin. En ancien provençal, il existe un conditionnel provenant du plus-que-parfait latin, avec les désinences : -era, -eras, etc. (Cf. obs. gén. 6). Ce sont probablement ces désinences qui ont donné -ère, -ères, et -èrou (cf. obs. gén. 1, 2, 4). *3e pers. sing.* : -èt, désinence régulière, en ancien provençal, de la 3e pers. sing. des verbes dits faibles de la 1re et de la 3e conjugaisons [1], est devenu, en dialecte d'Aurillac, la désinence régulière de tous les verbes. *1re et 2e pers. plur.* : -orion, -orias, semblent avoir été empruntés au conditionnel de la conjugaison en -a.

b) Radical passé.

1re conjugaison : même que le radical présent : porlère, troubère.

2e conjugaison : plusieurs verbes avaient déjà le parfait en -*ui* qui donne en dialecte d'Aurillac le parfait en -*g* (*gu* devant voyelle) : òuguère (= habui), douguère (= debui). Ce *g* est passé dans le parfait des autres verbes, qui n'avaient pas le parfait en -*ui* : beguère (= vidi).

---

1. Cf. Grandgent, *op. cit.*, ≠175 (3) (4).

3ᵉ conjugaison : les verbes dont le radical présent se termine en -*nd* ont le même radical aux temps passés : entendère, trescoundèt [1]. Les autres verbes ont pris le parfait en *g* propre à la 2ᵉ conjugaison : diguère (= dixi), foguère (= feci).

4ᵉ conjugaison : parfait en -*ig-*. En ancien provençal, les désinences de la 4ᵉ conjugaison étaient -i, -ist, -i, etc. ; mais on trouve également à la 3ᵉ pers. sing. -ic, dont le *c* est emprunté au parfait en -*c* < -*ui* [2]. Dans le dialecte d'Aurillac, on aurait donc ajouté la désinence -*èt* à la désinence -*ic*, le *c* intervocalique serait devenu *g*, et cet -*ig*- aurait passé ensuite aux autres personnes : portiguère (= partii), sentiguère (= sentii). Beni, *venire* a pris le parfait en *g* par l'analogie de tenc, *tenere* : benguère (= veni).

6) Subjonctif présent :

La conjugaison avec parfait en -*g* a également *g* au présent du subjonctif ; la conjugaison en -*i* avec parfait en -*ig-*, a -*ig*- à la 1ʳᵉ et à la 2ᵉ pers. plur. du présent du subjonctif ; les autres conjugaisons ajoutent les désinences au radical présent.

Désinences :   *conjugaison en -a :* -e, -es, -e, -ossion, -ossias, -ou

      conj. avec parfait en g : -e, -es, -o, -ossion, -ossias, -ou.

      conj. avec radical en nd : -io, -ios, -io, -ossion, -ossias, -iou.

      conj. en i : -io, -ios, -io, -igossion, -igossias, -iou.

Le présent du subjonctif semble avoir fait plusieurs emprunts à l'imparfait du subjonctif : les désinences de la 1ʳᵉ et de la 2ᵉ pers. plur., -ossion, -ossias, et à ces mêmes personnes, le -*ig*- de la conjugaison en -*i* ; peut-être aussi le *g* de la conj. avec parfait en *g*. Ce *g* pourrait également provenir de certains verbes, tels que *dire*, où il serait un développement régulier : dicam > digo ; ou faut-il voir ici l'influence de l'espagnol : teneam > tenga, etc. ? Les désinences des deux premières personnes du singulier et de la 3ᵉ pers. plur. de la conj. en -*a* et de celle avec parfait en *g* semblent être dues à l'analogie du présent de l'indicatif, peut-être aussi à l'influence du français. La 3ᵉ pers. sing. de la conj. en -*a* est due à l'influence du français.

---

1. Mais poundeguèt au lieu de poundèt.
2. Cf. Grandgent, *op. cit.*, ‡ 176.

7) Imparfait du subjonctif :

L'imparfait du subjonctif est formé du radical du prétérit et des désinences suivantes : -èsse, -èsses, -èsso, -ossion, -ossias, -èssou. Les désinences des trois personnes du singulier et de la 3ᵉ pers. plur. proviennent du plus-que-parfait du subjonctif latin (Cf. Grandgent, *op. cit.*, 191). Pour la voyelle caractéristique ę, voir obs. gén. (6) ; l'*o* de la 3ᵉ pers. sing. est dû à l'analogie du présent du subjonctif et des autres formes où *o* se trouve comme désinence de la 3ᵉ pers. sing. Les désinences de la 1ʳᵉ et de la 2ᵉ pers. plur. semblent avoir été empruntées au français ; le premier *o*, provenant d'*a*, voyelle caractéristique de la 1ʳᵉ conjugaison, aurait passé dans les autres conjugaisons.

8) Impératif :

Les formes de l'impératif proviennent du latin. Pour exprimer le négatif, le dialecte d'Aurillac emploie le présent du subjonctif.

9) Participes :

Présent : la 1ʳᵉ conjugaison en -*a* a pris la terminaison -en < entem aux autres conjugaisons [1].

Passé : les verbes provenant de la 1ʳᵉ conjugaison latine ont le participe passé en -*at* ; ceux qui proviennent de la 2ᵉ et la 3ᵉ conjugaisons latines l'ont en -*ut* ; ceux qui proviennent de la 4ᵉ conjugaison latine, l'ont en -*it*. Les verbes qui ont le parfait en *g* ont *g* également au participe passé.

10) Tableau des conjugaisons :

a) Verbe en -*a* : *infinitif* porla.

Indicatif présent : parle, parles, parlo, porlon, porlas, parlou.
Imparfait : porlabe, porlabes, porlabo, porlosion, porlosias, porlabou.
Futur : porlorai, porloras, porloro, porloren, porlores, porloròu.
Conditionnel : porlorio, porlorios, porlorio, porlorion, porlorias, porloriòu.
Prétérit : porlère, porlères, porlèt, porlossion, porlossias, porlèrou.
Subjonctif présent : parle, parles, parle, porlossion, porlossias, parlou.
Imparfait : porlèsse, porlèsses, porlèsso, porlossion, porlossias, porlèssou.

---

1. -ientem était déjà réduit à -entem en latin vulgaire.

Impératif : parlo, porlat.
Participe présent : porlen ; *passé* : porlat.

b) Verbe avec parfait en *g* : *infinitif* tene.

Ind. prés. : tene, tenes, te, tenon, tenès, tenou.
Imparfait : tenio, tenios, tenio, tenion, tenias, teniòu.
Futur : tendrai, etc. *Conditionnel* : tendrio, etc. *Prétérit* : tenguère, etc.
Subjonctif prés. : tengue, tengues, tengo, tengossion, tengossias, tengou.
Imparfait : tenguèsse, etc. *Impératif* : te, tenet [1].
Participes : tenen, tengut.

c) Verbe avec radical en *nd-* [2] : *infinitif* rondre.
Ind. prés. : ronde, rondes, rond, rondon, rondès, rondou.
Imparfait : rondio, etc. *Futur* : rondrai, etc. *Cond.* : rondrio, etc.
Prét. : rondère, etc, *Subj. prés.* : rondio, rondios, rondio, rondossion, rondossias, rondiou.
Imparfait : rondèsse, etc. *Impératif* : rond, rondet.
Participe passé : rondut.

d) Verbe en *-i* : *infinitif* porti.
Ind. prés. : parte, partes, part, porton, portès, partou.
Imparfait : portio, etc. *Futur* : portirai, etc. *Cond.* : portirio, etc.
Prét. : portiguère, etc.
Subj. prés. : partio, partios, partio, portigossion, portigossias, partiou.
Imparfait : portiguèsse, etc. *Impératif* : par, portit.
Participe passé : portit.

e) Verbes irréguliers *estre* et *obeire*.
Verbe *estre*.
Ind. prés. : soui, ès (ères), es, son, sès, sou.
Imparfait : ère, ères, èro, sion, sias, èrou.
Futur : serai, etc. *Cond.* : serio, etc. *Prét.* : seguère ou fouguère [3].
Subj. prés. : sio(siago, siasquou), sios, sio, sougossion, sougossias, siagou (siasquou).

---

1. *Tonès* est emprunté au français *tenez*.
2. Nom de la conjugaison en *-a*.
3. La forme *estèt* existe dans la locution : estèt un tem (il fut un temps).

Imparfait : souguèsse, etc, *Impératif*: siagos, sougossias. *Part.* : estat.

Verbe *obeire*.

Ind. prés. : ai, as, o, obon, obes, òu. *Imparfait* : obio, etc.

Futur : òurai, etc. *Cond.* : òurio, etc. *Prét.* : òuguère, etc.

Subj. prés. : atche, atches, atche, òugossion, òugossias, atchou.

Imparfait : òuguèsse, etc.

Impératif : atche, òugossias. *Participe passé* : òugut.

CONCLUSION

———

Quel sera l'avenir de l'École Auvergnate ? Il est difficile à prévoir. Mais aussi prospère qu'elle soit aujourd'hui, l'École ne pourra
survivre longtemps au dialecte vivant et parlé, et il semble bien
que celui-ci se meure. Les félibres l'écrivent ; mais des gens du pays,
les vieux sont presque seuls à le parler, les jeunes le délaissent. Si
les séparatistes avaient pu réaliser leur rêve d'un Midi autonome,
les destinées de la langue d'oc auraient été tout autres ; car les Méridionaux auraient eu intérêt à se séparer linguistiquement, aussi
bien que politiquement, de la France du Nord. Ils auraient sans
doute imposé la langue d'oc comme langue officielle, ils seraient
allés, peut-être, jusqu'à proscrire l'emploi du français dans les actes
publics. Mais tant que la France restera une, les Méridionaux,
comme les Français du Nord, parleront français, quand même ce
serait au préjudice éternel de la langue d'oc.

Cependant, si l'École Auvergnate ne réussit pas, malgré de vaillants efforts, à faire parler le dialecte d'Aurillac, elle aura fait œuvre
autrement précieuse en le conservant écrit. Car elle aura sauvé de
l'oubli de belles œuvres qui, passées dans la tradition orale, allaient
disparaître tout à fait. Elle aura fait d'un dialecte une langue capable
d'exprimer des idées abstraites aussi bien que des faits. Elle en aura
noté les phénomènes phonétiques, dont quelques-uns, sans son
témoignage écrit, ne pourraient être, plus tard, que devinés ; et
enfin elle les aura notés avec une fidélité dont les philologues lui
sauront gré. Du reste, la question d'orthographe, qui a été pour elle
si aiguë et dont elle a pourtant su trouver une solution, n'est pas
sans intérêt pour d'autres que des félibres.

Mais le rôle le plus important de l'École Auvergnate aura toujours
été celui qu'elle a joué auprès de Vermenouze ; car si elle doit

tout à son premier capiscol, celui-ci n'en doit pas moins à son École. Ce fut pour la soutenir et la défendre que Vermenouze écrivit un grand nombre de ses pièces, et elle lui inspira quelques-uns de ses plus beaux vers. Elle lui permit surtout de déployer librement ses talents poétiques, qui, sans autre moyen d'expression que la langue française, n'auraient fait de lui qu'un poète médiocre. Toute son originalité, tout son génie est dans son œuvre dialectale. C'est donc à bon droit que l'École Auvergnate se fait une gloire de l'influence qu'elle a exercée sur Vermenouze ; et n'eût-il servi qu'à nous donner *Flour de Brousso*, le Félibrige eût largement justifié son existence en Auvergne.

BIBLIOGRAPHIE

Ajalbert Jean, *L'Auvergne*, Paris, P.V. Stock, 1904. — *Au Cœur de l'Auvergne*, Paris, Flammarion, 1922.

Anglade Joseph, *Histoire sommaire de la littérature méridionale au moyen âge* (Des origines à la fin du xvᵉ siècle), Paris, E. de Boccard, 1921.

Bancharel Auguste, *La grammaire et les poètes de la langue patoise d'Auvergne*, Aurillac, 1886. — *Veillées auvergnates*, Historiettes et contes en patois, Aurillac, Imp. Bancharel, 1887-89.

Bancharel Émile, *Veillées auvergnates*, Poésies, Gaudrioles et contes patois recueillis et publiés par E. Bancharel, Aurillac, E. Bancharel, 1895. — *Mignounetto*, Aurillac, 1906.

Bourgade L.F., *Quauquos pessolos, pas mai*, Aurillac, Imp. Moderne, 1922.

Brayat J.-B., *Vers patois par un berger de Boisset. — Nouveaux vers patois par M. J.-B. Brayat, de Boisset*, Aurillac, de l'Imprimerie de Viallanes.

Brunel Cl., *Documents linguistiques du Gévaudan*, Bibliothèque de l'École des Chartes, Paris, 1916.

Courchinoux l'abbé F., *Pousco d'or*, Pitchiouno guerbo de pouesiotos en dialeyte del Contaou, Aurillac, Gentet, 1884. — *Les Miettes*, Poésies de jeunesse, Aurillac, Gentet, 1886.

Dauzat Albert, *Études linguistiques sur la Basse-Auvergne*, Paris, Alcan, 1897. — *La Géographie linguistique*, Paris, Flammarion, 1922.

Debrons Louis, *Airs d'Auvergne*, Aurillac, Imp. Moderne, 1921. — *Ol Contou*, vers et chansons, Aurillac, 1921. — *Moriounou*, comédie en un acte, Aurillac, Malroux, 1922. — *Counontes bertodies*, Aurillac, Malroux, 1924. — *Lou Moriage de Peyroutoun et Morgorido*, recueil de chansons et de contes patois, par MM. Durand-Picoral, Léon-Froment, L. Debrons, Aurillac, Malroux, 1923. — *Pel Compestre*, Aurillac, 1925.

Delhostal Louis, *Rescouoto*, Ourlhat (Aurillac), Estomporio del « Contau Republicain », 1921. — *Los Piados*, Ourlhat, Estomporio del « Contau Republicain », 1923.

Delzangles Fernand, *Chants populaires d'Auvergne* (Folklore Cantalien), Aurillac, Terrisse, 1910.

Deribier de Cheyssat, *Vocabulaire du patois de Velay et de Haute-Auvergne*, in Mémoires de la Société royale des Antiquaires de France, IX, 1832.

Desdevises du Dézert G., *Arsène Vermenouze*, Aurillac, Imp. Moderne, 1922.

Donnadieu Frédéric, *Les Précurseurs des Félibres, 1800-1855*, Paris, 1888.

Esquer Gabriel, *Inventaire des Archives Communales de la Ville d'Aurillac antérieures à 1790*, Aurillac, Imp. Moderne, J. Sérieys, 1906.

Farges Louis, Préface de *Jous la Cluchado*, de Vermenouze, Aurillac, Imp. Moderne, 1908.

Four l'abbé Raymond, *Éléments de Grammaire languedocienne, dialecte d'Aurillac*, Aurillac, Imp. Moderne, 1903. — *Phonétique occitane : dialecte d'Aurillac.* in : Revue de la Haute-Auvergne, 1904, p. 357-400. — *Cansouns d'Auvernho*, Prefacio de M. lou Duc de la Salo de Rocomauro, Ourlhac (Aurillac), Estomporio de J. Brousso, 1913.

Gandilhon Gens-d'Armes C., Voir *Revue de la Haute-Auvergne* et *l'Auvergnat de Paris*.

Garnier Th., *Un boucinel de l'Istorio del Corlodez*. Éditions de « Lo Cobreto » Aurillac, Imp. de « la Liberté », 1925.

Gaut J.-B., *Roumavagi deis Troubaires*, recueil des poésies lues ou envoyées au congrès des poètes provençaux, tenu à Aix, le dimanche, 21 août 1853. Publié par J.-B. Gaut, secrétaire du Congrès, Aix, Paris, Marseille, 1854.

Gélis, F. de, *La Vraie Langue d'Oc*, Toulouse, Guitard, 1921.

Gilliéron J. et Fmont E., *Atlas linguistique de la France*, Paris, Champion, 1922.

Grand Roger, *Les plus anciens textes romans de la Haute-Auvergne*, Paris, Alphonse Picard, 1901.

Grandgent C. H., *An Outline of the Phonology and Morphology of Old Provençal*, revised edition, Boston, D.C. Heath, 1905.

Gras Félix, *Lou Roumancero prouvençau*, Paris ; Avignon, Roumanille, 1887.

Jourdanne Gaston, *Histoire du Félibrige*, (1854-1896), Avignon, Roumanille, 1897.

Labouderie l'abbé J. de, *Parabole de l'efou proudigue, en patois de nabrie auvergna*, Paris, Firmin-Didot, 1823. — *Vocabulaire du patois usité sur la rice gauche de l'Allagnon, depuis Murat jusqu'à Malompise*, in : Mémoires de la Société des Antiquaires de France, t. VI, 1824.

Lapaire Félix, *Ol couen del fiot*, Aurillac, Imp. Moderne, 1899.

Layé L.A., *Vermenouze et l'Espagne* (extrait de la Revue de la Haute-Auvergne, 3e fascicule pour l'armée, 1921), Aurillac, Imp. Moderne, 1922. — *Le Sentiment religieux chez A. Vermenouze*, Aurillac, Imp. Moderne, 1922. — *La Nature dans l'œuvre d'A. Vermenouze*, Aurillac, Imp. Moderne, 1922.

Lefèvre E., *Frédéric Mistral*, Bibliographie sommaire de ses œuvres, notes et documents sur le Félibrige et la langue d'oc, Marseille, 1903.

Meyniel Antonin, *J.-B. Brayat, sa Vie et ses Œuvres*, Aurillac, Terrisse, 1907. — *Auvergne et Auvergnats*, Paris, Librairie générale et internationale, G. Ficker, 1909.

Mistral Frédéric, *Mireio*, Avignon, Roumanille, 1859. — *Lou Tresor dou Felibrige*, dictionnaire provençal-français, Aix-en-Provence, Remondet-Aubin, 1878-1886.

Négrin Émile, *Lei Pouezio provensalo*, 3e édition, Cannes, 1887.

Pagès Eugène, *O loïs glorios del Contaou*, Aurillac, Imp. Moderne, 1918. — *Morgorido*, pièce en trois actes, Aurillac, Malroux, 1923.

Portal E.. *Letteratura Provenzale, I Moderni Trovatori*, Milano, Ulrico Hoepli, 1907. — *Antologia Provenzale*, Milano, Ulrico Hoepli, 1911.

Praviel et de Brousse, *L'Anthologie du Félibrige*, Paris, Nouvelle Librairie Nationale, 1909.

Prody Alfred, *Les Reflets*, Aurillac, 1920. — *Par les Sentes*. — *La Légende du bois de la Fage*.

Richepin Jean, *Contes et Chansons d'Auvergne*, conférence faite le 27 février, 1918, in : Le Journal de l'Université des Annales, t. II, n° 20, 1er octobre, 1918, Paris.

Roumanille J., *Li Prouvençalo*, poésies diverses recueillies par J. Roumanille, précédées d'une introduction par M. Saint-René Taillandier, Avignon, Séguin Aîné, 1852. — *La Part dou Bon Dieu*, précédée d'une dissertation sur l'orthographe provençale, Avignon, 1853.

Rousselot l'abbé P. J., *Les Modifications phonétiques du langage*, Paris, Th. let., 1891.

Salle de Rochemaure, duc de la, *Récits Carladéziens*, Aurillac, Imp. Moderne, 1906. — *Uno Bisito o Mistral*, Aurillac, J. Sérieys, 1908. — *Régionalisme auvergnat*, Aurillac, Imp. Moderne, 1908. — *Les Troubadours Cantaliens*, Aurillac, Imp. Moderne, 1910. — *A la Mémoire de Jean-Arsène Vermenouze*, Aurillac, Imp. Moderne, 1910. — *Régionalisme et Félibrige*, Aurillac, Imp. Moderne, 1911. — *Gerbert (Silvestre II : Le Savant, Le « Faiseur de rois ». Le Pontife)*, Rome et Paris, Imp. Éditrice Romana et Emile-Paul frères, 1914.

Vaquier F., *J.-B. Veyre, le poète de Saint-Simon*, conférence donnée à la Société des Gooudots par le Docteur F. Vaquier, Paris, Imp. Estampe et Duquenoy.

Vermenouze Arsène, *Flour de Brousso*, vers languedociens, Aurillac, Imp. Moderne, 1895. — *En Plein vent*, Sonnets d'Auvergne, Paris, P. V. Stock, 1900. — *Mon Auvergne*, Paris, Revue des Poètes, Plon, 1904. — *Jous la Cluchado*, Aurillac, Imp. Moderne, 1908. — *Dernières Veillées*, publiées par Gabriel Audiat 1912. — *Les plus belles Poésies d'Arsène Vermenouze*, Aurillac, Imp. Moderne, 1923. — *Les plus belles Poésies d'Arsène Vermenouze, Flour de Brousso et fragments de Jous la Cluchado*, Aurillac, Imp. Moderne, 1925. — Voir *Revue de la Haute-Auvergne* et *Lou Félibrige*.

Veyre Jean-Baptiste, *Les Piaoulais d'un Reipetit*, recueil de poésies patoises, Aurillac, Bonnet-Picut, mai 1860.

REVUES ET JOURNAUX

Annales du Midi, Toulouse.

Armana Prouvençau, Avignon, Roumanille.

L'Avenir du Cantal, Aurillac.

L'Auvergnat de Paris, Paris (Gandilhon Gens-d'Armes : Vermenouze et l'orthographe de la langue d'oc, 19 janvier 1924 ; Lettre ouverte à « Lo Cobreto » aurillacoise, 15 mars 1924 ; etc.).

L'Auvergne littéraire, artistique et félibréenne, Clermont-Ferrand.

Le Cantal Républicain, Aurillac.

Lo Cobreto, Aurillac.

Lou Félibrige, Marseille (Vermenouze : Lettre sur la fondation de l'Escolo Oubergnato, t. 88, n° 4, p. 72 s.).

Le Moniteur du Cantal, Aurillac.

Oc, Toulouse.

Revue d'Auvergne, Paris.

Revue Bleue, Revue politique et littéraire (Henri Pourrat, 1er mars 1924, p. 159 s.).

Revue de la Haute-Auvergne, Aurillac (Gandilhon Gens-d'Armes : Sur *Rescouolo*, 1921, 3e fasc. Louis Jalenques : Quelques jolies lettres de Vermenouze, 1922, p. 233-245).

Revue des Poètes, Paris.

INDEX

Abel, L., 15, 16, 18
adjectifs
  cas, 87
  comparaison, 87, 88
  genre, 87
  indéfinis, 91
  nombre, 87
  numéraux cardinaux, 88
    »   ordinaux, 88
adverbes, 91-92
Ajalbert, Jean, 16, 17, 39-41, 58
Armana Prouvençau, 8, 29
Arnavielle, A., 18
article
  défini, 88
    contraction avec prépositions, 88-89
  indéfini, 88
Aubanel, T., 9, 36

bailèro, 20
Bancharel, A., 7, 9-14, 19, 20, 24, 31, 43
Bancharel, F., 10, 11, 15, 18
Bessières, J., 50
bourrée, 20, 21, 39, 48
Bouquier, l'abbé, 7, 13
Brayat, J.-B., 2-4, 9, 13, 14, 19, 24, 31, 43

cabrette, 10, 17, 39, 48
Cansouns d'Auvernho, 21
Chants populaires de l'Auvergne, 21
Cobreto, 14, 16, 17, 18, 22-25, 31-35, 40, 41, 60

conditionnel, cf. *verbes*
Congrès des Troubaires, 8, 29
conjonctions, 92
conjugaisons, 93, 94
  tableau, 97-99
consonnes
  finales, 84-86
  initiales, 73, 74
  médiales
    groupes, 78-84
    simples, 74-78
  observations générales, 72, 73
Courchinoux, l'abbé, 9, 12, 13, 15, 16, 18, 20, 24, 31, 43, 44
Courchinoux, J., 23
Court, J.-F., 7, 14-16

Debrons, L., 23, 24
Delhostal, L., 18, 23, 24, 34, 35
Delmas, A., 17, 18
Delteil, H., 16, 17, 23
Delzangles, F., 21
Deribier de Cheyssat, 2
Dernières Veillées, 42, 57-59
dialecte d'Aurillac
  influence étrangère, 61
  morphologie, 86-99
  orthographe, 11, 22, 23, 27-36
  phonologie, 63-86
  tendance vers la sourde, 62
Dommergues, H., 18, 23, 25

Eléments de grammaire languedocienne, 21
En plein vent, 41, 57

Essarts, E. des, 15
esire, 98, 99

félibre, 1, 7-12, 14-20, 26, 27, 51, 56, 59
félibrige, 8-10, 12, 15, 17, 20, 26, 27, 30, 31, 49, 60
Flour de Brousso, 13, 18, 24, 31, 32, 35, 39-43, 47, 48, 52, 57, 59, 60
futur, cf. *verbes*

Gandilhon Gens-d'Armes, C., 23, 34, 35
Géraud, Mgr, 15, 18, 23, 24
Gerbert, 19, 20
Grammaire et les poètes de la langue patoise d'Auvergne, 10, 11, 13, 19
Grand, Roger, 32
Grandval, Dupuy de, 6, 7, 14
Gras, Félix, 9, 15-17, 44, 49, 50
grondo, 20

Illescas, 38
imparfait, cf. *verbes*
impératif, «   «
Imprimerie Moderne, 12, 42
indicatif, cf. *verbes*

Jasmin, 4, 6, 8
Jeux Floraux
    École Auvergnate, 35
    École de Limagne, 25
    Toulouse, 34, 40, 42
Jous la Cluchado, 18, 21, 22, 24, 33, 38, 42, 48, 52, 56, 57, 59

Labouderie, l'abbé de, 2
langue d'oc, 28, 30, 35, 36
Lhermet, J., 23
Limagne, École de, 25, 26
Lintilhac, E., 15-17, 23
Los Piados, 34

Maintenance d'Auvergne, 25, 26
Marcenac, E., 23
Meyniel, A., 3, 23, 25
Mireille, 8, 29, 30, 35

Mistral, F., 8, 9, 15, 29-31, 39, 41, 47, 53
Moine de Montaudon, 1
Mon Auvergne, 41, 57
musée d'art auvergnat, 23, 24

nodau, 20, 21
noms
    cas, 86
    genre, 86
    nombre, 87

obeire, 99
occitane, 30
orthographe, cf. *dialecte*

Pagès, E., 23
participes, cf. *verbes*
patoisants, 1, 7-9, 11, 27, 28, 43
Peire d'Auvergne, 1
Peire Rogier, 1
Perbosc, A., 39, 40
Phonétique occitane, 21, 62
Piaoulats d'un rei-petit, 5
porla, 97, 98
porti, 98
Pousco d'or, 12, 13
prépositions, 92
présent, cf. *verbes*
prétérit, «   «
Prody, Alfred, 23
pronoms
    démonstratifs, 91
    indéfinis, 91
    interrogatifs, 91
    personnels
        conjoints, 89
        disjoints, 89, 90
    possessifs, 90
    relatifs, 91

Récits Carladéziens, 19, 41
Redon, 23
regret, 20, 21
Rescouoto, 34
Revue d'Auvergne, 19, 20
Revue des Poètes, 41

Rimes patoises, 10
Roumanille, 8, 27, 28, 31

Saint-Poncy, comte Roger de, 19, 20
Salle de Rochemaure, duc de la, 1, 7,
    12, 18-20, 23, 24, 41
statuts
    1re École Auvergnate, 16
    2e École Auvergnate, 23
subjonctif, cf. *verbes*
symboles phonétiques, 63

tout, 98
Troubadours Cantaliens, 1, 18, 19

verbes
    conditionnel, 94
    conjugaisons, 93, 94

futur 94
imparfait, 95
impératif, 97
observations générales, 92, 93
participes, 97
subjonctif
    imparfait, 97
    présent, 96
tableau des conjugaisons, 97-99
Vermenouze, A., 7, 9, 11, 12, 16, 17,
    20-26, 30-39
    monument, 25
Versepuy, M., 21
Veyre, J.-B., 4-6, 9, 14, 24, 25, 43
Vidal, B., 25
voyelles
    atones, 69-72
    toniques, 64-68

TABLE DES MATIÈRES

pages.

INTRODUCTION...... XI

CHAPITRE I. Les Précurseurs............................... I

—   II. Historique de l'École Auvergnate...................... 15

—   III. La question d'Orthographe......................... 27

—   IV. Arsène Vermenouze : Vie......................... 37

—   V. Arsène Vermenouze : Œuvre....... 43

—   VI. Le Dialecte d'Aurillac............................ 60

        Phonologie.................................... 63

        Morphologie................................. 86

CONCLUSION.. 101

BIBLIOGRAPHIE... 103

INDEX 107

MACON, PROTAT FRÈRES, IMPRIMEURS. — MCMXXVIII.

Bibliothèque de l'École des Hautes Études (Sciences historiques et philologiques).
Fascicule 249
ŠKERLJ (STANKO). **Syntaxe du participe présent et du gérondif en vieil italien et en latin.** In-8º raisin, XXIV-290 p .... **60** fr. »
Fascicule 251
VIELLIARD (Jeanne). **Le Latin des diplômes royaux et chartes privées de l'époque mérovingienne.** 1927. In-8º, XXII-262 pages .... **65** fr. »
Fascicule 252
HAVET (Louis). **Notes critiques sur le texte de l'Orator et sur Isée**, suivies d'une bibliographie de Louis HAVET par Louis NOGARET. In-8º, 118 p ..... **30** fr. »
On vend séparément les *Notes critiques sur le texte de l'Orator et sur Isée*, **20** fr. ; et la Bibliographie de Louis HAVET, **12** fr.
Fascicule 253.
LOT (Ferdinand). **L'impôt foncier et la capitation personnelle sous le Bas Empire et à l'époque franque.** In-8º, 135 p .... **35** fr. »

BEAULIEUX (Charles). **Histoire de l'orthographe française.** Tome I : **Formation de l'orthographe, des origines au milieu du XVIᵉ siècle.** Tome II : **Les accents et autres signes auxiliaires dans la langue française,** suivis de *La Briefve Doctrine*, par MONTFLORY, et *Les Accents*, par DOLET. 2 vol. in-8 raisin de 366 et 132 p .... **60** fr. »
(Prix Saintour (1928) de l'Académie Française).

Les Classiques de l'Histoire de France au moyen âge, publiés sous la direction de L. HALPHEN (9 volumes parus).

GUI (Bernard). **Manuel de l'Inquisiteur,** édité et traduit par G. MOLLAT, professeur à la Faculté de théologie catholique de Strasbourg, avec la collaboration de G. DRIOUX. Tome I.
In-8º LXVIII-197 pages .... **15** fr. » Relié .... **19** fr. **50**
Tome II. 166 pages .... **12** fr. **50** Relié .... **16** fr. »
(Ouvrage complet en deux volumes)

Philippe de Commynes, *Mémoires,* édités par J. CALMETTE et G. DURVILLE.
Tome I, broché .... **18** fr. Relié .... **21** fr. »
Tome II, broché .... **21** fr. Relié .... **24** fr. **50**
Tome III et dernier. In-8º, 442 p ... **24** fr. Relié .... **28** fr. »
Les trois volumes ensemble. Broché .. **63** fr. Relié .... **73** fr. »
Ouvrage terminé (1924-1926)

Les Classiques français du moyen âge, publiés sous la direction de Mario ROQUES. 57 volumes parus.
No. 56. Charles D'ORLÉANS. **Poésies. T. II.** **24** fr. »

No. 57. Robert DE BORON. **Le Roman de l'Estoire don Graal,** éd. par W. A. Nitze .... **8** fr. **50**

HUGUET (Edmond), Professeur de Philologie française à la Faculté des Lettres de l'Université de Paris. **Dictionnaire de la langue française du XVIᵉ siècle.** Tome premier (10 fascicules) **180** fr. Le fascicule 10 .... **18** fr. »

THUROT (Charles), membre de l'Institut. **De la Prononciation française,** depuis le commencement du XVIᵉ siècle, d'après le témoignage des grammairiens. Tome I (seul réimprimé). In-8 raisin, CIV-568 pages .... **100** »

WEKRENBECK (B. H. J.), docteur ès lettres. **Participe présent et gérondif.** In-8º raisin, 330 p .... **60** fr. »